Angelika Weber / Karin Greiner

# Hecken
## pflanzen und pflegen

Attraktive Hecken – frei wachsend
und in Form geschnitten.
Dekorativer Blickfang,
Sicht- und Lärmschutz,
Lebensraum für Tiere.

Farbfotos: Jürgen Becker
und Marion Nickig sowie andere
bekannte Pflanzenfotografen
Zeichnungen: Renate Holzner

W0041756

GU GRÄFE UND UNZER

# Inhaltsübersicht

## Gestaltungselement Hecke
### Ein Wort zuvor

Hecken sind weit mehr als nur Umfriedung. Mit ein wenig Geschick läßt sich mit Gehölzen vieles zaubern. Ob als »Raumteiler«, als Sichtschutz zum Nachbarn oder »Grüner Vorhang« zum Kaschieren vom Gemüsebeet – Hecken sind universell einsetzbar und immer eine Zierde im Garten. Angelika Weber und Karin Greiner zeigen Ihnen mit diesem Buch, welche Gehölze Sie wo am besten für eine Hecke verwenden. Die Autorinnen erläutern den Aufbau der Bäume und Sträucher und gehen auf die besondere ökologische Funktion ein, die Hecken gerade in Städten mit ihrer oftmals schadstoffbelasteten Luft haben. Sie geben Tips, die Ihnen helfen, den richtigen Heckentyp für Ihre Gartensituation zu wählen: Schnitt- oder freiwachsende Hecke, immergrüne oder sommergrüne, Wild- oder Blütenhecke. Zu jedem Typ stellen die beiden erfahrenen Autorinnen jeweils die passenden Pflanzen vor und geben Hinweise zur Gestaltung. Anschauliche Zeichnungen zeigen, wie Hecken richtig zu pflanzen, zu schneiden und erfolgreich zu pflegen sind.
Viel Spaß mit Ihren Gartenhecken wünschen Ihnen die Autorinnen und die GU Naturbuch-Redaktion.

**5 Pflanzen nach Plan**

6 Alte Tradition
6 Mauer, Zaun oder Hecke?
6 Ökologisch wertvoll
8 PRAXIS Botanik
10 Hecke um den Garten
11 Verschiedene Heckentypen
11 Immer- oder sommergrün?
12 Hecke im Garten
12 Wichtige Überlegungen zuvor
12 Gartenplan
13 Kulissenbau
15 Auf die Standortbedingungen achten
15 Klima
15 Sonne oder Schatten
15 Boden
16 Was Gehölze aushalten müssen
17 Lärmschutz
17 Sichtschutz
18 Tabelle: Lärm- und Sichtschutz-Gehölze

20 Das Recht des Nachbarn
20 Grenzabstände
20 Überfallende Früchte
20 Baumschutzverordnung

**23 Mit Hecken gestalten**

24 Schnitthecken
24 Platzsparende Alternative
24 Tabelle: Schnittverträgliche Arten
26 Freiwachsende Hecken
26 Enormer Platzbedarf
26 Leichte Pflege
26 Mischung bringt mehr Abwechslung
27 Gehölzgruppen
28 Wie sich Gehölze kombinieren lassen
29 Immergrüne Laubgehölze
30 Tabelle: Geeignete Gehölze
30 Bunte Vielfalt der Nadeln
30 Sommergrüne Hecken
32 Wildhecken

*Treppenaufgang, umwogt von einem Meer von Heckenrosen.*

*Die roten Früchte der Stechpalme.*　　*Üppig wuchernde Clematis-Sorte.*

33　Ökologisches
　　Gleichgewicht
33　Vogelschutz- und
　　Vogelnährgehölze
33　Bienennährgehölze
34　Blütenhecken
34　Tabelle: Blühende
　　Heckengehölze
36　Alternativen
37　Tabelle: Schöne
　　Kletterpflanzen

**39　Gehölze pflegen**

40　Bodenbeschaffenheit
40　Bodenschichtung
41　Bodenverbesserung
41　Moorbeet
42　Wo kauft man ein?
42　Tips für die Auswahl
42　Angebotsformen
44　PRAXIS Pflanzung
46　Pflanzzeiten
46　Tabelle: Welche Gehölze
　　zum Unterpflanzen

46　Pflanzung ballenloser
　　Gehölze
46　Wurzelwachstum
46　Wurzeln beachten
48　Gießen
49　Mulchen
49　Düngen
50　PRAXIS Schnitt
52　Der richtige Zeitpunkt für
　　den Schnitt
52　Schnitt von Formhecken
52　Verjüngungsschnitt
53　Wohin mit dem
　　Schnittgut?
54　PRAXIS Vermehrung
56　Pflanzenschutz
56　Krankheiten
56　Abhilfe
57　Schädlinge
57　Spritzmittel

**58　Register**

**62　Literatur, Adressen**

**63　Warnung und Hinweis**

## Die Autorinnen

Dr. Angelika Weber und Karin Greiner leiten das Institut für botanisch-ökologische Beratung in München. Die beiden Diplombiologinnen mit Schwerpunkt Botanik haben zahlreiche Fachbücher zu Themen des Zierpflanzenbaus und der Gartengestaltung veröffentlicht.

## Die Fotografen

Jürgen Becker wie auch Marion Nickig fotografieren seit über einem Jahrzehnt für angesehene internationale Buchverlage und Zeitschriften. Zu ihren Schwerpunkten gehört die Pflanzen- und Gartenfotografie.
Weitere Fotos stammen von anderen bekannten Pflanzenfotografen (→ Nachweis, Seite 63).

## Die Zeichnerin

Renate Holzner arbeitet als freie Illustratorin und Grafikerin für renommierte Verlage und Agenturen. Ihr Repertoire reicht von Strichzeichnungen über fotorealistische Illustrationen bis hin zur Computergrafik.

**Wichtig:** Damit Ihre Freude an Hecken nicht getrübt wird, beachten Sie bitte »Warnung und Hinweis« auf Seite 63.

## Mit Hecken wohnen

# Pflanzen nach Plan

Hecken schirmen ab gegen Lärm
und neugierige Blicke und zaubern
in Ihrem Garten wunderschöne
Plätze zum Ausruhen und Träumen.
Wichtig ist allerdings eine sorg-
fältige Planung. Auf den folgenden
Seiten finden Sie alles, was Sie
beim Anlegen von Hecken wissen
sollten.

*Foto oben: Beeren der Felsenmispel.*
*Foto links: Mit Hecken, hier Hainbuchen*
*und Eiben, lassen sich selbst schmale*
*Gärten wirkungsvoll gliedern.*

## Alte Tradition

Der Wunsch nach Geborgenheit, Abgeschiedenheit und Schutz vor der Außenwelt ist keine Erfindung unserer Zeit. Seit die Menschen Häuser bauen und Gärten anlegen, verspüren sie das Bedürfnis, ihren Besitz zu umfrieden, gegen das Nachbargrundstück abzugrenzen und sich ihre eigene Privatsphäre zu schaffen. Das war schon in früheren Jahrhunderten so, als die Gärten noch ein Privileg der Reichen waren und Parkcharakter besaßen. Erst recht trifft das heute zu, da die Gärten, als natürliche Folge der wachsenden Bevölkerung, der immer dichter werdenden Bebauung und der steigenden Grundstückspreise, zu überschaubarer Größe zusammenschrumpften. Der moderne Durchschnittsgarten mißt etwa 400 bis 500 qm, viele liegen erheblich darunter oder sind gar nur noch »handtuchgroß«. Gerade weil der Abstand zum Nachbarn so gering geworden ist, sollten Sie Ihr »Grünes Wohnzimmer« gründlich planen, um nicht unnötig Platz zu vergeuden und sich gleichzeitig vor neugierigen Blicken bestmöglich zu schützen. Schließlich sitzt niemand gern auf dem vielzitierten Präsentierteller. Selbst der mancherorts gewaltige Straßenlärm, der in den letzten Jahren zu einem fast unlösbaren Problem geworden ist, läßt sich mit einer geschickten Heckenanlage zum Teil mildern (→ Lärm- und Sichtschutz, Seite 16/17).

## Mauer, Zaun oder Hecke?

Es gibt 3 verschiedene Möglichkeiten, das Grundstück einzugrenzen:

Mauern wirken je nach Baumaterial manchmal recht wuchtig und vermitteln oft das Gefühl eines Bollwerks. Selbst wenn sie bewachsen sind, sollten Sie sie nur für große Grundstücke in Betracht ziehen. In kleineren Gärten sind sie meist fehl am Platz, da man sich durch sie leicht eingesperrt fühlen kann.

Zäune sind im allgemeinen zierlicher und deswegen auch für kleine Grundstücke geeignet. Es gibt sie in den verschiedensten Varianten, die sich gut mit dem Stil des Hauses und des übrigen Gartens abstimmen lassen. Zudem kann man sie mit ein- oder mehrjährigen Pflanzen wunderschön »maskieren«.

Hecken sind fast universell einsetzbar. Je nach Platz und Geschmack können Sie sie streng formieren oder frei wachsen lassen, Blütenhecken miteinander oder mit immergrünen Gehölzen kombinieren, eine Wildhecke anlegen, kurzum, Ihrer Phantasie sind kaum Grenzen gesetzt.

## Nicht nur Einfassung

Heckengehölze, also Bäume und Sträucher, die sich zur Verwendung als Hecke eignen, werden entweder geschnitten, oder man läßt sie freiwachsen. Das hängt sowohl von der Gehölzart als auch von Ihrem Geschmack ab. Hinzu kommt, wo Sie sie einsetzen wollen. Denn neben der Einfassung von Grundstücken lassen sie sich auch zur Gestaltung des Gartens verwenden. Zum Beispiel kann man mit ihnen »lange Schläuche« optisch verkürzen, unschöne Teile kaschieren oder sich lauschige Ecken schaffen. Sie sind also auch innerhalb des Gartens vielseitig einsetzbar (→ Seite 12/13).

## Ökologisch wertvoll

Hecken, überhaupt Gehölze, erfüllen zudem vielfältige ökologische Funktionen. Durch die Diskussionen um das Waldsterben, die Abholzung der Regenwälder und die dadurch zu befürchtenden Klimaveränderungen wird uns die Bedeutung der Bäume und Sträucher für das Leben auf der Erde klar und deutlich vor Augen geführt.

Zum einen produzieren sie einen erheblichen Teil des für Menschen und Tiere lebensnotwendigen Sauerstoffs, der sozusagen als Abfallprodukt bei

# Bedeutung der Hecken

*In die geschwungene Linie der Hecke schmiegt sich eine halbrunde Steinbank.*

der Photosynthese frei wird (→ PRAXIS Botanik, Seite 8/9). Zum anderen beeinflussen sie durch ihre hohe Wasserverdunstung ganz entscheidend unser Klima. So sorgen Hecken und andere Gehölze im Garten für eine höhere Luftfeuchtigkeit, was sich vor allem in heißen Sommern wohltuend bemerkbar macht. In der Stadt zum Beispiel kann es in Anlagen mit vielen Bäumen bis zu 3,5 °C kühler sein als anderswo. Außerdem spendet das Blätterdach tagsüber Schatten und verhindert nachts die Wärmeabstrahlung.

Eine weitere wichtige Funktion ist die Filterung von Staub aus der Luft. Gerade in der Stadt spielt dieser Faktor eine ganz bedeutende Rolle. Dabei ist festzuhalten, daß der Effekt bei lockeren, stufig gepflanzten Hecken deutlich größer ist als bei dichten, regelmäßigen.

Auch für die verschiedensten Tierarten sind Hecken von großer Wichtigkeit. Sie bieten Unterschlupf und Nistmöglichkeiten, die Blüten halten Nahrung für Bienen und Schmetterlinge bereit, die Früchte munden Vögeln, Siebenschläfern, Igeln oder Mäusen.

# Praxis: Botanik

*3 Die Strauch-
form entsteht
durch die be-
sondere Ver-
zweigung. Aus
der Basis treiben
mehrere gleich
starke Haupt-
triebe.*

Gehölze sind mehrjäh-rige Pflanzen, die im Unterschied zu den Stauden verholzen, da-bei aber immer weiter-wachsen. Kennzeichen der Gehölze ist außer-dem das sogenannte Se-kundäre Dickenwachs-tum, mit dessen Hilfe der Umfang der Triebe dem Längenwachstum angepaßt wird. So hat ein hoher Baum stärkere Äste als ein niedriger Strauch. Dieses sekun-däre Dickenwachstum hält ein ganzes Gehölz-leben an. Gehölze teilt man nach ihrer Wuchs-form in zwei Haupt-gruppen ein, in Bäume und Sträucher.

## Bäume

Ein Baum ist deutlich gegliedert in einen auf-rechten, kräftigen Hauptstamm und eine astreiche Krone mit ei-ner für jede Baumart charakteristischen Form.

Laubbäume (→ Zeich-nung 1): Bei den Laub-bäumen entwickeln sich die am Stamm unten stehenden Seitentriebe, das heißt die zuerst ge-wachsenen, nur wenig; sie verkümmern und werden abgestoßen. So entsteht ein mehr oder weniger gerader, astlo-ser Stamm, der oben eine breite Krone trägt.

Nadelbäume (→ Zeich-nung 2): Bei den Nadel-bäumen wachsen auch die unteren Seitenäste noch ständig weiter, wodurch die typische pyramidenförmige Kro-nenform entsteht.

## Sträucher
(Zeichnung 3)

Im Gegensatz zu Bäumen sind Sträucher mehrtriebig, das heißt, es gibt mehrere gleich gestellte Haupttriebe, die selten höher als 6 m werden. Da die an der Basis wachsenden Knospen und Seiten-triebe stärker gefördert werden als die oberen, können Sträucher sich von unten her immer wieder durch Neuaus-trieb verjüngen. Die Verzweigung zur Spitze

hin ist dagegen schwach; die Zweige haben nur eine kurze Lebensdauer.

## Was ist Holz?

Jeder kennt Holz, ob als Baumaterial, Möbel oder was auch immer. Holz besitzt ganz be-sondere und einmalige Eigenschaften. Sie ent-stehen durch Verände-rungen von ganz »nor-malen« Pflanzenzellen. In die weichen, elasti-schen Zellwände wird die chemische Verbin-dung Lignin eingela-gert. Dadurch werden sie versteift und druck-fest gemacht. Hinzu kommen Gerb- und Farbstoffe, die unter anderem auch für die schöne Holzfärbung verantwortlich sind.

*1 Laubbäume tragen auf einem geraden, astlosen Stamm eine breite Krone.*

*2 Nadelbäume sind an ihrer typischen Pyrami-denform zu erkennen.*

*4 Wasser wird aus dem Boden aufgenommen, nach oben transportiert und verdunstet. Dann regnet es wieder herab, und der Kreislauf beginnt von neuem.*

## Wasser- und Nährstoffkreislauf
(Zeichnung 4)

Das Wasser wird aus dem Boden von den Wurzeln aufgenommen und durch die Tracheen und Tracheiden in die Blattspitzen nach oben befördert. Hier wird es sowohl in den Stoffkreislauf eingebunden, als auch über die Spaltöffnungen wieder nach außen »geschwitzt«. Durch diese Verdunstung entsteht eine Saugspannung, die das Wasser ständig von den Wurzeln nach oben zieht.
• Feine Wurzeln (Zeichnung 5)
Nur die feinen Faserwurzeln sind in der Lage, Sauerstoff ($O_2$),

Wasser und mit ihm Nährstoffe aufzunehmen. Das geschieht durch den Austausch von geladenen Teilchen, den Ionen, das heißt, die Pflanze gibt Ionen ab und kann im Gegenzug andere Teilchen aufnehmen. Das von den Wurzeln abgegebene Kohlendioxid ($CO_2$) ist dabei behilflich.
• Blätter (Zeichnung 6)
Blätter, als Kraftwerke der Pflanzen bezeichnet, wandeln mit Hilfe des Sonnenlichts Wasser und das Kohlendioxid der Luft in Zucker um. Dazu ist auch das Blattgrün (Chlorophyll) nötig. Diesen Vorgang nennt man Photosynthese.

Und so ist Holz aufgebaut:
<u>Das Kernholz</u> liegt innen und ist abgestorbenes Holz. Es dient in erster Linie der Festigung und Stützung.
<u>Das Splintholz</u> schließt sich nach außen an. Es ist junges Holzgewebe, das durchzogen ist von den Tracheen und Tracheiden, langen Röhren, in denen Wasser und Nährsalze zu den Blättern transportiert werden. Außerdem werden hier Reservestoffe gespeichert.
<u>Die Kambiumschicht</u> ist nur eine Zelle stark. Sie wächst, das heißt, sie teilt sich in zwei Richtungen. Nach außen hin entsteht neuer Bast, nach innen Splintholz.
<u>Der Bast</u> ist ein weiches, saftiges Gewebe,

das ebenfalls Leitungsbahnen enthält, die sogenannten Siebzellen oder -röhren. Sie transportieren die von den Blättern gebildeten Nährstoffe zu den Wurzeln und in die übrigen Teile des Baums.
<u>Die Rinde</u> legt sich wie eine Haut schützend um die Triebe und bewahrt sie vor äußeren Einflüssen. Mit der Zeit reißt sie auf, platzt ab und wird durch den darunterliegenden Bast ersetzt.
<u>Als Borke oder Kork</u> wird die äußerste Schicht aus toten Zellen bezeichnet.
**Unser Tip:** Die Borke sollte man niemals entfernen, auch wenn sie noch so alt erscheint. Sie bietet einen wichtigen Schutz vor schädlichen Einflüssen und Verletzungen.

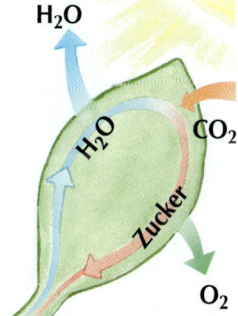

*5 Die Faserwurzeln nehmen Sauerstoff, Wasser und Nährstoffe auf.*

*6 Bei der Photosynthese entsteht aus Wasser und Kohlendioxid Zucker.*

## Pflanzen nach Plan

Mauerwerk, umrankter Zaun und üppiger Staudenwuchs umfrieden den Garten.

*Wilder Wein und Efeu.*

### Hecke um den Garten

Vom ursprünglichen Zwecke der Hecken um den Besitz herum, nämlich das Vieh am Weglaufen und wilde Tiere und Diebe am Eindringen zu hindern, ist in der Stadt natürlich nicht mehr viel übriggeblieben. Hier werden Hecken hauptsächlich dazu benutzt, das Grundstück gegen den Nachbarn und zur Straße hin abzugrenzen und einzufrieden, Haus und Garten vor neugierigen Blicken und unerwünschten Gästen zu schützen, kurzum, die »feindliche Welt« draußen zu lassen. Für welchen Heckentyp Sie sich nun entscheiden, hängt vom Platzangebot in Ihrem Garten, dem persönlichen Geschmack und der freien Zeit ab, die Sie für die Heckenpflege

# Hecke um den Garten

erübrigen können. Überlegen Sie sich vorher genau, was Sie mit der Hecke bezwecken wollen:

<u>Lärmschutz:</u> Hier kommt es darauf an, wie hoch der Lärmpegel ist. An einer lauten Straße muß die Hecke höher und dichter ausfallen als an einer ruhigeren.

<u>Sichtschutz:</u> Wollen Sie dem Nachbarn überhaupt keinen Einblick gewähren, oder genügen als Abgrenzung einige Sträucher in lockerer Reihe, zumal ja meist auch noch ein Zaun vorhanden ist (→ Lärm- und Sichtschutz, Seite 16/17).

**Unser Tip:** Wenn Sie in einer größeren Siedlung oder in einem Reihenhaus wohnen, empfiehlt es sich, die Bepflanzung mit den Nachbarn abzusprechen, damit das Gesamtbild nicht zu unruhig wird. Außerdem ist es überflüssig, an beiden Seiten eines Grenzzauns eine komplette Hecke zu pflanzen. Das kostet nicht nur unnötig Geld, sondern auch Platz.

## Verschiedene Heckentypen

Grundsätzlich unterscheidet man zwischen zwei Heckentypen, nämlich der Schnitthecke und der freiwachsenden Hecke. Beide können entweder aus immergrünen oder sommergrünen Arten angelegt werden. <u>Schnitthecken</u> werden, wie schon der Name sagt, immer

wieder geschnitten. Sie brauchen weniger Platz als freiwachsende, was bei einem kleinen Grundstück der Überlegung wert ist. Dafür sind sie wesentlich pflegeintensiver, da sie regelmäßig gestutzt werden müssen. Außerdem wirken streng formierte Hecken leicht langweilig und abweisend – es fehlt eben die »natürliche« Komponente.

**Unser Tip:** Wenn Sie nur einen kleinen Reihenhausgarten haben, sollten Sie ihn möglichst nicht mit einer Schnitthecke »einmauern«, sondern lieber eine Alternativlösung in Betracht ziehen, zum Beispiel einen leichten Zaun, der sich mit Kletterpflanzen oder bunten Stauden hübsch und ansprechend, aber dennoch platzsparend bepflanzen läßt (→ Alternativen, Seite 36).

<u>Freiwachsende Hecken</u> bieten die unterschiedlichsten Gestaltungsmöglichkeiten. Man kann sie rein grün halten, als Blütenhecke oder Wildhecke anlegen oder alles miteinander kombinieren. Diese Hecken werden allenfalls ausgelichtet oder gelegentlich verjüngt. Dafür beanspruchen sie deutlich mehr Platz.

**Wichtig:** Verlieren Sie bei der Anlage jedweden Heckentyps nicht aus dem Auge, daß er in Breite und Höhe zum Grundstück passen muß. Je kleiner der Garten, desto zierlicher sollte auch die Hecke sein.

## Immer- oder sommergrün?

<u>Immergrüne Hecken</u> haben den Vorteil, daß sie eben das ganze Jahr über grün sind und auch im Winter Sichtschutz bieten.

<u>Sommergrüne Hecken</u> sind zum Beispiel viele unserer schönsten Blütenhecken. Sie werfen zwar im Herbst ihr Laub ab, dafür lassen sie im Winter mehr Licht und Sonne in den Garten. Vor allem bei kleinen Gärten sollte dies bedacht werden.

## Gute Mischung

Schnitthecken bestehen im allgemeinen aus nur einer Pflanzenart, schon wegen des einheitlichen Wuchsverhaltens. Freiwachsende Hecken hingegen können Sie gut mischen. So lassen sich Sommergrüne mit Immergrünen abwechseln beziehungsweise vorwiegend »grüne« Arten mit Blütensträuchern, Gehölzen mit leuchtender Herbstfärbung oder bunten Früchten kombinieren. Wenn Sie es geschickt arrangieren, haben Sie vom zeitigen Frühjahr bis zum späten Herbst oder gar Winter etwas fürs Auge (→ Kapitel Gestaltung, Seite 23 bis 37). Und ganz nebenbei tragen Sie auch noch zum Naturschutz bei (→ Bedeutung der Hecken, Seite 6).

## Hecke im Garten

Hecken nur zur Umfriedung des Grundstücks zu verwenden würde ihrer Vielfalt sicher nicht gerecht werden. Auch innerhalb der Gartengrenzen sind sie vielseitig einsetzbar. Ob Sie die Terrasse oder ein Beet einfassen, das Gemüsebeet oder weniger attraktive Gartenteile wie den Komposthaufen und die Mülltonne kaschieren, eine Hintergrundpflanzung für ein buntes Staudenbeet schaffen oder das Grundstück gliedern – für jeden Zweck gibt es die geeigneten Arten.
**Hinweis:** Innerhalb des Gartens sind kurze Hecken aus nur wenigen Elementen oder Gehölzgruppen meist die bessere Lösung als eine lange, geschlossene Hecke (→ Kapitel Gestaltung, Seite 23 bis 37).

## Wichtige Überlegungen zuvor

Die Verwendung von Bäumen und Sträuchern im Garten, ob nun als Hecke, Gehölzgruppe oder Solitär, muß sorgfältig geplant und überlegt werden. Schließlich kosten sie nicht nur eine Menge Geld, sondern sind, wenn sie am falschen Fleck lästig werden, auch wesentlich schwerer zu versetzen als beispielsweise Stauden. Das Fällen erweist sich oftmals auch nicht als die beste Lösung.

Abgesehen von Problemen, die mit Baumschutzverordnungen (→ Seite 20) auftreten können, ist es meist recht schwierig, mit den erforderlichen Geräten und Maschinen in den Garten zu gelangen und darin zu hantieren, ohne alles übrige zu verwüsten. Vor allem die Entfernung der Wurzelstrünke ist meist sehr aufwendig.
**Hinweis:** Informieren Sie sich unbedingt vorher über den Wuchs und die spätere Größe der geplanten Heckengehölze. Nicht jede Art ist für alle Zwecke gleich gut geeignet. Große Bäume wie Lebensbäume (*Thuja*) oder Lärchen (*Larix*) sind vor einer kleinen Terrasse deplaziert, dafür an anderer Stelle um so wirkungsvoller. Grundsätzlich gilt: Je kleiner der Garten, desto zierlichere Arten auswählen und sehr sorgfältig und sparsam verteilen.

## Gartenplan

Bevor Sie das Kaufen und Pflanzen anpacken, sollten Sie sich einen genauen Plan machen. Besorgen Sie sich mehrere Kopien Ihres Grundstückplans, damit Sie auch ein bißchen herumprobieren können. Zeichnen Sie möglichst maßstabsgetreu die Hecken beziehungsweise Gehölzgruppen ein. Sie können auch einfache Schablonen aus Papier ausschneiden oder sich Bäumchen aus Pla-

stik, wie sie im Modellbau zu finden sind, besorgen. Diese lassen sich herumschieben, und so haben Sie die Möglichkeit, die verschiedensten Varianten auszuprobieren, bevor Sie mit der Arbeit anfangen.
Und das sollten Sie beachten:
• Spätere Größe und Wuchsform (→ Kapitel Gestaltung, Seite 23 bis 37). Wenn Sie sich zum Beispiel unter eine Hecke setzen oder legen wollen, sollten Sie Arten wählen, die einen kurzen Stamm bilden.
• Windrichtung. Soll die Hecke beispielsweise als Windschutz an der Terrasse dienen, muß sie quer zur Hauptwindrichtung gepflanzt werden.
• Sonneneinstrahlung. Sie wollen sicherlich nicht, daß der Heckenschatten genau dorthin fällt, wo Sie ihn eigentlich nicht haben möchten. Das gilt vor allem für immergrüne Gehölze. Denken Sie auch daran, daß unter einem Dauerschattenwerfer andere Pflanzen nur schwer wachsen.
**Unser Tip:** Da normaler Rasen im Gehölzschatten schlecht gedeiht, empfiehlt sich eine Unterpflanzung mit schattenverträglichen Arten wie Buschwindröschen (*Anemone nemorosa*), Sauerklee (*Oxalis acetosella*), Bärlauch (*Allium ursinum*) oder Waldmeister (*Galium odoratum*). Größere Flächen lassen sich gut mit Ysander (*Pachysandra terminalis*) begrünen.

*Wie eine Kulisse schiebt sich die kurze Hecke vor den hinteren Teil des Gartens.*

## Kulissenbau

Lange, schmale Grundstücke wirken oft recht langweilig, noch dazu, wenn sie mit einer schnurgeraden Schnitthecke begrenzt sind. Unterbrechen Sie die Längslinie mit kurzen Hecken oder kleinen Gehölzgruppen, die versetzt gepflanzt werden. Dadurch verbergen Sie nicht nur die hinteren Gartenteile vor den Blicken, sondern erzielen auch einen Kulisseneffekt, der die Spannung erhöht und neugierig macht. Wer über ein größeres Grundstück verfügt, kann die Gehölze richtiggehend als Raumteiler verwenden und »Zimmer« abteilen, die unterschiedlich bepflanzt einzelne Themen ergeben, etwa ein »Rosenzimmer«, ein »Wasserzimmer« oder ein »Grünes Zimmer«.

**Hinweis:** Wofür auch immer Sie die Gehölze einsetzen, die Gesamtwirkung und den Stil sollten Sie stets im Auge behalten. Zu einem ländlichen, eher naturnahen Garten paßt eine strenggeschnittene Thujenhecke ebensowenig wie eine Wildhecke zu einem fernöstlich angehauchten Garten.

*Ein hübsches Entree mit weißer Holzpforte und einem hohen Bogen aus Hainbuchen.*

## Auf die Standort-bedingungen achten

Bevor Sie sich für den Kauf von Heckengehölzen entschließen, sollten Sie die Standortbedingungen in Ihrem Garten erforschen. Vor allem bei der Kombination verschiedener Arten zu freiwachsenden Hecken oder Gehölzgruppen ist es wichtig, daß alle ähnliche Standortansprüche haben.

Die wichtigsten Standortfaktoren sind:
• Licht
• Temperatur
• Wasser
• Nährstoffversorgung
• Konkurrenz unter den Pflanzen.

An diese Bedingungen sind die Pflanzen in der freien Natur angepaßt, und sie gelten auch für Ihren Garten.

## Klima

Das Klima bestimmt Faktoren wie Temperatur, Niederschlagsmengen, Windverhältnisse, Sonneneinstrahlung und anderes. Es ist vorgegeben und läßt sich nicht beeinflussen. Dafür beeinflussen die Klimaverhältnisse in hohem Maße, welche Gehölze wo wachsen. So gedeihen in ausgesprochen milden Klimaten wie zum Beispiel im Weinbauklima auch noch empfindliche fremdländische Gehölze, während in rauhen Klimaten, wie sie etwa im Gebirge herrschen, nur solche wachsen, die daran angepaßt sind.

Im großen und ganzen teilt sich das Klima so ein:

Das Groß- oder Makroklima ist hauptsächlich durch die Lage auf dem geographischen Breitengrad vorgegeben.

Das Lokalklima ist im allgemeinen auf ein ganz bestimmtes Gebiet begrenzt. Es weicht oft vom Großklima erheblich ab, etwa beeinflußt durch eine Höhenlage, der Nähe zu einem Gebirgszug oder einem größeren Gewässer.

Das Klein- oder Mikroklima ist die kleinste »Einheit« und kann schon innerhalb der Gartengrenzen völlig unterschiedlich sein. So ist es im Schutz einer Hauswand, einer Gehölzgruppe oder Hecke vergleichsweise mild, vor allem an deren Südseite. Dort gedeihen auch empfindlichere Arten.

## Sonne oder Schatten

Wie bei allen Pflanzen ist auch bei Gehölzen das Licht für die Auswahl entscheidend. Es gibt Arten, die ausgesprochen lichthungrig sind, wie zum Beispiel Schmetterlingsstrauch (*Buddleja*) oder Feldahorn (*Acer campestre*). Andere wiederum mögen es lieber schattiger, wie Rotbuche (*Fagus sylvatica*) oder Hemlocktanne (*Tsuga*

*canadensis*). Bedenken Sie auch bei der Zusammenstellung von Gehölzgruppen oder freiwachsenden Hecken, daß raschwüchsige Arten den langsamer heranwachsenden das Licht nehmen können. Diese sollten also schattenverträglich sein.

## Boden

Die Beschaffenheit des Bodens spielt neben dem Klima die wichtigste Rolle. Im Boden verankern sich die Gehölze mit ihren Wurzeln, aus ihm beziehen sie Wasser und die lebensnotwendigen Nährstoffe (→ Pflege, Seite 48). Man unterscheidet verschiedene Bodenarten:

Sandiger Boden enthält vor allem grobe Teilchen.

Toniger Boden besteht vorwiegend aus feinsten Körnchen.

Lehmiger Boden ist eine Mischung aus beiden.

Eine wichtige Rolle spielt auch der Säuregrad des Bodens. Er wird als pH-Wert bezeichnet, einer Skala von 0 – 14, wobei eine niedrige Zahl eine saure, eine hohe eine alkalische und der Bereich um 7 eine neutrale Reaktion bedeutet. Für die meisten Gehölze ist ein pH-Wert zwischen 6,5 und 7 optimal. Eng an den pH-Wert gebunden ist der Kalkgehalt. Ein kalkreicher Boden hat auch einen hohen pH-Wert.

*Geschützt vor neugierigen Blicken läßt es sich gut sitzen.*

## Was Gehölze aushalten müssen

Daß auch Pflanzen, genauso wie wir Menschen, unter der »dicken« Luft leiden, die in Großstädten und Industriegebieten herrscht, ist keine neue Erkenntnis. Vor allem den Gehölzen, die ja sehr lang leben, wird dies zum Verhängnis. Ruß und Staub legen sich wie ein Film auf die Blätter und lassen kaum mehr das lebensnotwendige Sonnenlicht durch (→ PRAXIS Botanik, Seite 8/9). Abgase dringen ins Innere der Gehölze ein und vergiften sie. Schadstoffe gelangen mit dem Regen in den Boden und werden von dort über die Wurzeln aufgenommen.

**Wichtig:** Die Verträglichkeit von Abgasen wird als Rauch-härte bezeichnet. Davon unterscheidet sich die Eignung fürs Stadtklima, denn dort haben die Gehölze zusätzlich noch mit trockener, heißer Luft, verdichtetem Boden und mangelndem Wurzelraum zu kämpfen. So sind viele Gehölze, die als rauchhart gelten, nicht zwangsläufig auch für die Stadt geeignet. In der nachfolgenden Tabelle der Lärmschutz-Gehölze sind deswegen beide Begriffe aufgeführt (→ Seite 18/19). Ein weiteres Problem ist das Streusalz. Arten wie Rotfichte (*Picea abies*), Flieder (*Syringa vulgaris*) oder Haselnuß (*Corylus avellana*) reagieren empfindlich darauf, während Erbsenstrauch (*Caragana arborescens*), Liguster (*Ligustrum vulgare*) oder Schwarzer Holunder (*Sambucus nigra*) relativ salzverträglich sind.

## Nadelgehölze sind gefährdeter

Nadelgehölze sind generell wesentlich gefährdeter als Laubgehölze. Im Gegensatz zu diesen, die sich mit dem herbstlichen Blätterfall sozusagen selbst entgiften, behalten sie ja ihre Nadeln meist über mehrere Jahre. So nimmt die Schädigung immer mehr zu. Allerdings sind nicht alle Nadelbäume gleich anfällig. Neben sehr empfindlichen wie Tannen (*Abies*), verschiedenen Fichten-Arten (*Picea*) und einigen Kiefern (*Pinus*) gibt es auch relativ unempfindliche, wie Wacholder (*Juniperus*), Eiben (*Taxus*) oder Lebensbäume (*Thuja*).

**Hinweis:** Erschwerend kommt hinzu, daß Nadelgehölze durch die Abgase aus den Heizungen in weiterem Maße beeinträchtigt werden. Vor allem Smog-Lagen können zu richtigen Streß-Situationen führen.

## Auch Laubgehölze leiden

Obwohl sich Laubgehölze prinzipiell als widerstandsfähiger gegen Verunreinigungen erwiesen haben, gibt es auch bei ihnen Unterschiede. Ausgesprochen rauchhart und für die Stadt geeignet sind beispielsweise Schmetterlingsstrauch (*Buddleja davidii*), Schnurbaum (*Sophora japonica*) oder Feuerdorn (*Pyracantha*), während Fächerahorn (*Acer palmatum*) oder Rotbuche (*Fagus sylvatica*) ziemlich sensibel sind.

**Unser Tip:** Wenn Sie in einer sehr belasteten Gegend wohnen, sorgen Sie dafür, daß die übrigen Standortbedingungen möglichst optimal sind. Dann können Sie einiges von dem Abgasstreß wieder ausgleichen.

## Lärmschutz

Untersuchungen haben gezeigt, daß es etliche Gehölze gibt, die sich zur Reduzierung von Straßenlärm besonders eignen. Laubgehölze sind zum Beispiel brauchbarer als solche mit Nadeln, wobei folgende Merkmale eine Rolle spielen:
• Die Belaubung reicht bis in Bodennähe und ist möglichst dicht und geschlossen.
• Die Blätter sind sehr groß.
• Sie weisen mit der Blattfläche zum Lärmeinfall.
• Sie bleiben bis weit in den

Herbst beziehungsweise auch im Winter hängen.
Je breiter und höher die Hecke, desto größer die Lärmminderung. Im übrigen brechen freiwachsende Hecken den Schall wesentlich besser als Schnitthecken.

**Unser Tip:** Wenn Sie keinen Platz für eine breite Hecke haben, können Sie sich mit einem kleinen Lärmschutzwall aus Erde behelfen, der mit den entsprechenden Arten bepflanzt wird, die dann durchaus niedriger sein können (→ Literatur, Seite 62).

## Sichtschutz

Prinzipiell dienen natürlich alle Hecken, Gehölzgruppen oder ausladenden Sträucher als Sichtschutz. Sie müssen nur entsprechend hoch sein, damit sie ihren Zweck erfüllen. Dicht stehende Blätter oder Nadeln sind vorteilhaft, deshalb sind natürlich auch alle Lärmschutzgehölze gut als Sichtschutz geeignet. Einige der schönsten Blütengehölze zählen dazu. Ob man auf sommergrüne oder immergrüne Arten zurückgreift, eine geschnittene oder freiwachsende Hecke oder eine Gehölzgruppe pflanzt, hängt vom persönlichen Geschmack und dem Platzangebot ab (→ Seite 6/7). Alternativen sind auf den Seiten 36 und 37 beschrieben.

# Pflanzen nach Plan

## LÄRMSCHUTZ-GEHÖLZE

| Name | Standort | Boden | Widerstandsfähigkeit | Hecken-art | Besonderheit |
|---|---|---|---|---|---|
| Hainbuche *Carpinus betulus* | ○ – ● | tiefgründige, sandig-humose Lehmböden, kalkverträglich | mäßig rauchhart, für Stadt-klima bedingt geeignet | S, f | goldgelbe Herbstfärbung, Laub lange haftend |
| Weißer Hartriegel *Cornus alba* | ○ – ● | frische Gartenböden, kalkverträglich | mäßig rauchhart | f | rötliche Herbstfärbung |
| Blutroter Hartriegel *Cornus sanguinea* | ○ – ◑ | humose Böden, kalkverträglich | trockenresistent, für Stadtklima geeignet | f | flammendrote Herbstfärbung |
| Haselnuß *Corylus avellana* | ○ – ● | frische, humose Böden, kalkverträglich | mäßig rauchhart | f | Kätzchen-Blüten, Nuß-Früchte, Bienenweide |
| Pflaumenblättriger Weißdorn *Crataegus x prunifolia* | ○ – ◑ | alle Gartenböden, kalkliebend | rauchhart, für Stadtklima gut geeignet | S | rote Früchte, orangerote Herbstfärbung |
| Rotbuche *Fagus sylvatica* | ○ – ◑ | frische, nährstoffreiche humose Lehmböden, kalkverträglich | mäßig rauchhart, für Stadtklima ungeeignet | S | goldgelbe bis braune Herbst-färbung, Laub lange haftend |
| Forsythie *Forsythia x intermedia* | ○ | alle Gartenböden, kalkverträglich | rauchhart, für Stadtklima geeignet | f | gelbe Blüten, frühe Blütezeit (ab April) |
| Stechpalme ☠ *Ilex aquifolium* | ◑ – ● | Humusböden, frische Sand- und Lehmböden, kalkverträglich | rauchhart, für Stadtklima bedingt geeignet | S, f | rote Früchte, immergrün, Bienenweide, Vogelschutzgehölz |
| Heckenkirsche ☠ *Lonicera ledebourii* | ○ – ◑ | frische Gartenböden, kalkverträglich | rauchhart, für Stadtklima geeignet | f | gelbrote Blüten, rote bis schwarze Beeren, Vogelschutzgehölz |
| Pfeifenstrauch *Philadelphus pubescens* | ○ – ◑ | alle Gartenböden, kalkverträglich | rauchhart | f | weiße Blüten, Bienenweide |
| Rhododendron ☠ *Rhododendron*-Arten | ◑ | frische Humusböden, kalkempfindlich | rauchhart, für Stadtklima bedingt geeignet | f | auffällige Blüten, immergrün, Bienenweide |
| Flieder *Syringa vulgaris* | ○ – ◑ | durchlässige, sandig-humose Lehmböden, kalkliebend | rauchhart, für Stadtklima geeignet, trockenresistent | f | leuchtende Blütenfarben, duftend |
| Wolliger Schneeball ☠ *Viburnum lantana* | ◑ – ● | alle Gartenböden, kalkliebend | mäßig rauchhart, für Stadtklima geeignet | f | rote, später schwarze Früchte, später Laubfall |
| Runzelblättriger Schneeball ☠ *Viburnum rhytidophyllum* | ◑ – ● | mäßig trockene bis frisch-humose Lehmböden, kalkverträglich | mäßig rauchhart, für Stadtklima geeignet | f | weiße Blüten, rote, später schwarze Früchte, immergrün |

## SICHTSCHUTZ-GEHÖLZE

| Name | Standort | Boden | Blütezeit Farbe | Hecken-art | Besonderheit |
|---|---|---|---|---|---|
| Kupferfelsenbirne *Amelanchier lamarckii* | ○ – ◑ | durchlässiger, frischer Humusboden, kalkliebend | IV-V cremeweiß | f | rötliche Blätter, blau-schwarze Früchte, Bienenweide |
| Berberitze *Berberis julianae* und Sorten | ○ – ◑ | alle Gartenböden, kalkverträglich | V–VI gelb bis rot | S, f | rote bis schwarze Beeren, immergrün, Bienenweide |
| Hoher Buchsbaum, *Buxus sempervirens var. sempervirens* | ○ – ● | alle Gartenböden, kalkverträglich | IV–V gelbgrün, unscheinbar | S, f | duftende Blätter, immergrün, Bienenweide |
| Scheinzypresse, *Chamaecyparis*-Arten u. Sorten | ○ – ◑ | frische, sandig-humose Böden, kiesige Lehmböden, kalkverträglich | | S, f | verschiedenfarbige Arten und Sorten, immergrün |
| Zierquitte, *Choenomeles* – Hohe Arten und Sorten | ○ | sandig-lehmige, frische Böden, kalkempfindlich | III–IV weiß bis rot | f | gelbgrüne, duftende Früchte, genießbar, Bienenweide |

# Lärm- und Sichtschutz-Gehölze

| Name | Standort | Boden | Blütezeit Farbe | Hecken-art | Besonderheit |
|------|----------|-------|-----------------|------------|--------------|
| Kornelkirsche *Cornus mas* | ○ – ◑ | mäßig trockene bis frische Lehm- und Humusböden, kalkverträglich | III–IV grüngelb | S, f | kirschenähnliche Früchte, eßbar gelbe Herbstfärbung |
| Perückenstrauch *Cotinus coggygria* und Sorten | ○ – ◑ | sandig-humose, durchlässige Lehmböden, kalkliebend | VI-VII grüngelb | f | rötliche, perückenartige Frucht-stände, gelb-orange Herbstfärbung |
| Zwergmispel, *Cotoneaster* – Hohe Arten und Sorten | ○ – ◑ | alle Gartenböden, kalkverträglich bis kalkliebend | V–VI weiß bis rot | f | auffällige Früchte, Bienenweide, Vogelschutzgehölz |
| Weißdorn *Crataegus*-Arten und Sorten | ○ – ◑ | art- und sortenabhängig kalkverträglich bis kalkliebend | V–VI weiß bis rosa | S, f | orangerote Herbstfärbung, rote Früchte, Bienenweide |
| Baumzypresse *x Cupressocyparis leylandii* | ○ – ◑ | nährstoffreiche, frische, humose Lehmböden, kalkverträglich | | S, f | immergrün |
| Deutzie, *Deutzia* – Hohe Arten und Sorten | ○ – ◑ | frische Gartenböden, trockenheitsempfindlich | VI–VII weiß, rosa | f | rauhe Blätter, Bienenweide |
| Pfaffenhütchen ☠ *Euonymus europaea* | ○ – ◑ | alle Gartenböden, kalkliebend | V–VI gelblich-grün, unscheinbar | f | orangerote Herbstfärbung, rote Früchte, Bienenweide |
| Perlmuttstrauch *Kolkwitzia amabilis* | ○ – ◑ | frische, sandig-humose Lehmböden, kalkverträglich | VI rosa | f | attraktive Fruchtstände, Vogelschutzgehölz |
| Lärche *Larix*-Arten | ○ | frische, durchlässige Böden, kalkverträglich | | S | gelbe Herbstfärbung, Nadeln im Herbst abfallend |
| Liguster ☠ *Ligustrum*-Arten und Sorten | ○ – ◑ | alle Gartenböden, kalkverträglich bis kalkliebend | VI–VII weiß | S, f | blau-schwarze Beeren, bläulich-violette Herbstfärbung |
| Rotfichte *Picea abies* | ○ – ◑ | Lehmböden, kalkverträglich | | S | auffallende Zapfen, immergrün |
| Zierkirsche *Prunus*-Arten und Sorten | ○ | frische, humose, durchlässige Lehmböden, kalkliebend | IV–V weiß, rosa | S | Kirschfrüchte, zum Teil Herbst-färbung, Bienenweide |
| Feuerdorn *Pyracantha*-Arten und Sorten | ○ – ◑ | feuchte, humose, gut durchlässige Böden, kalkliebend | V–VI weiß | S, f | wintergrün, leuchtend orangerote Früchte, dornenbewehrt |
| Strauchrose *Rosa*-Arten und Sorten | ○ – ◑ | art- und sortenabhängig | V–X verschiedene | S, f | Hagebutten-Früchte, Bienenweide, Vogelschutzgehölz |
| Fiederspiere *Sorbaria aitchisonii* | ○ – ◑ | frische, durchlässige Böden | VII–VIII weiß | f | Bienenweide, Vogelschutzgehölz |
| Spierstrauch *Spiraea* – Hohe Arten und Sorten | ○ – ◑ | frische, humose Gartenböden, einige Arten kalkempfindlich | IV–IX weiß | f | zum Teil Herbstfärbung, Bienenweide |
| Flieder *Syringa*-Arten | ○ – ◑ | tiefgründige, humose, durchlässige Böden, kalkverträglich | V–VI verschiedene | f | duftende Blüten, Bienenweide |
| Gemeine Eibe ☠ *Taxus baccata* | ○ – ● | frische Lehmböden, Tonböden, kalkliebend | | S, f | immergrün, leuchtend rote Beeren, Bienenweide, Vogelschutzgehölz |
| Lebensbaum ☠ *Thuja*-Arten und Sorten | ○ | frische, durchlässige Böden, kalkverträglich | | S, f | immergrün, zum Teil im Winter Braunfärbung, Zapfenfrüchte |
| Kanadische Hemlocktanne *Tsuga canadensis* | ○ – ◑ | frische, humose Böden, sandige Lehmböden, keine Kalkböden | | S | Zapfenfrüchte |
| Schneeball ☠ *Viburnum*-Arten und Sorten | ◑ – ● | art- und sortenabhängig | III–VII, XI cremeweiß, weiß | f | rote oder schwarze Früchte, einige Arten immergrün, Bienenweide |
| Hoher Glockenstrauch *Weigela florida* | ○ – ◑ | frische, humose Gartenböden | V–VI karminrot | f | Bienenweide |

S = Schnitthecke,   f = freiwachsend,   ☠ = giftig, ○ = sonnig, ◑ = halbschattig, ● = schattig

# Pflanzen nach Plan

## Das Recht des Nachbarn

Leider gibt es auch im Garten immer wieder Anlässe zu Streitigkeiten mit den Nachbarn. Wenn man sich da nicht im Vorfeld einigt, ist der Gang zum Gericht oft unvermeidlich. Sich im Paragraphenwald zurechtzufinden ist allerdings nicht gerade einfach. Zwar sind einige Dinge im Bürgerlichen Gesetzbuch (BGB) geregelt, vieles obliegt jedoch den Ländern oder sogar Gemeinden. Grundsätzlich darf ein Grundstückseigentümer die Beseitigung von Störungen durch den Nachbarn verlangen, wenn sie die Nutzung seines Grundstücks wesentlich beeinträchtigen.

**Hinweis:** Erkundigen Sie sich vor der Pflanzung einer Hecke oder eines Baums bei der zuständigen Gemeinde- oder Stadtverwaltung nach den geltenden Vorschriften. Diese können sich sogar innerhalb eines Ortes ändern, je nachdem, ob das Grundstück im Zentrum oder am Rand liegt.

## Grenzabstände

Der Pflanzabstand zur Grenze richtet sich nach der Höhe und der Art der Pflanzung. Wie groß er sein muß, ist überall unterschiedlich geregelt. Prinzipiell gilt er nur für Bäume, Sträucher und Hecken. Eine Hecke von maximal 2 m Höhe muß mindestens 50 cm von der Grenze weg gepflanzt sein. Der Abstand eines Baums, der höher als 2m wird, muß mindestens 2 m betragen.

**Unser Tip:** Bei sehr kleinen Grundstücken sind Sonnenblumen eine Alternative. Sie können zwar auch recht groß werden, sind von derartigen Regelungen jedoch ausgenommen.

## Vereinbarungen

Es ist möglich, abweichend von den gesetzlichen Vorschriften mit dem Nachbarn andere Vereinbarungen zu treffen, zum Beispiel kleinere Grenzabstände. Diese sollten Sie aber immer schriftlich festhalten und von beiden Parteien unterzeichnen lassen, da im Falle eines Rechtsstreites die Beweisführung sonst schwierig wird.

**Wichtig:** Es gibt eine Verjährungsfrist von Ansprüchen. Sie liegt meist bei 6 Jahren.

## Beeinträchtigungen

Für Beeinträchtigungen, die beispielsweise durch überhängende Äste, Fallaub und -obst, eingewehte Unkrautsamen, eindringende Wurzeln oder ähnliches verursacht werden, gelten etwas andere Regeln.
• Belastungen, wie sie etwa durch das Zusammenrechen des Herbstlaubs entstehen, müssen ertragen werden, wenn sie das ortsübliche Ausmaß nicht übersteigen. Am besten, Sie einigen sich mit dem Nachbarn gütlich, wer welches Laub zusammenrechen muß.
• Überhängende Äste und Wurzeln dürfen meist erst dann entfernt werden, wenn eine angemessene Frist zur Beseitigung gewährt und diese nicht eingehalten wurde.

## Überfallende Früchte

Bei Früchten, die über die Grenze hängen, gilt folgendes:
• Solange die Früchte an Ihrem Baum hängen, können Sie sie ernten, allerdings ohne das Nachbargrundstück dabei zu betreten.
• Früchte, die über den Zaun fallen, gehören Ihrem Nachbarn. Er darf aber den Baum nicht schütteln.

## Baumschutzverordnung

Diese Verordnung regelt, welche Gehölze bis zu welchem Stammdurchmesser wann gefällt werden dürfen. Zuwiderhandlungen ziehen meist drastische Strafen nach sich. Deshalb sollte man sich bei derartigen Vorhaben unbedingt bei der Gemeindeverwaltung eine Genehmigung einholen, denn auch hier sind die Regelungen äußerst unterschiedlich.

*Trotz des gebührenden Abstands zum Nachbarn hat die Tamariske bereits den Zaun »erobert«.*

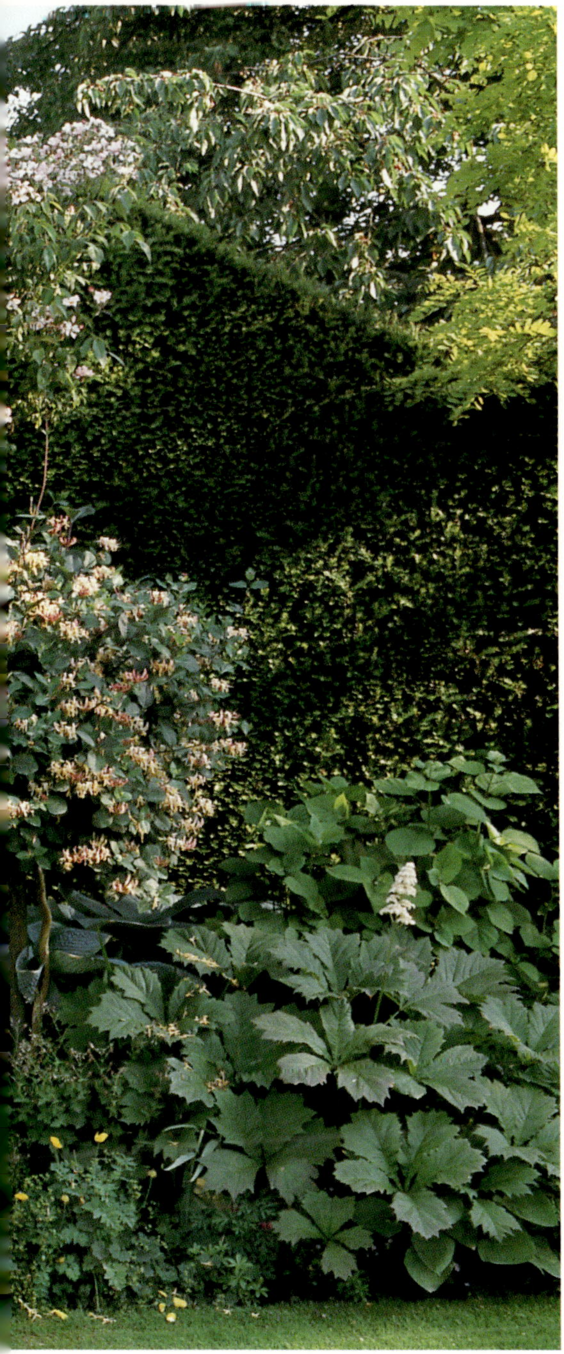

Thema mit Variationen

# Mit Hecken gestalten

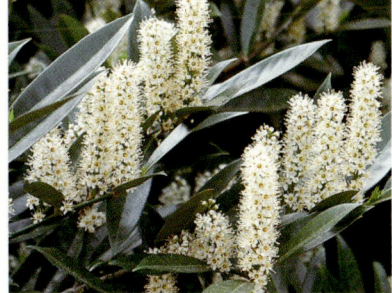

Ob geschnitten oder freiwachsend, nur im Sommer oder das ganze Jahr über grün, blühend oder bunt belaubt – mit Hecken können Sie Ihren Traum vom »Grünen Wohnzimmer« auf vielfältige Weise verwirklichen. Hier finden Sie eine Fülle von Anregungen und Gestaltungsbeispielen.

*Foto oben: Weiße Blütenkerzen des Kirschlorbeers.*
*Foto links: Die in elegantem Schwung geschnittene Hecke bildet einen reizvollen Hintergrund für Blütensträucher.*

## Gut formiert

Schnitthecken erfreuten sich vor allem im 16. und 17. Jahrhundert großer Beliebtheit. Niedrige, verschnörkelte Buchshecken oder zu Mäandern geformte Heckenbänder prägten das Bild der Gärten und Parks. Als sich der Geschmack änderte und die strengen »durchgestylten« Gärten den englischen Parks wichen, gewannen Schnitthecken im Hausgarten an Bedeutung: als Grundstückseinfassung, Sichtschutz, Unterteilung des Gartens oder einfach als Zierelement.

## Platzsparende Alternative

Nicht jeder hat Platz für eine ausladende, freiwachsende Hecke. Hier bietet sich eine Schnitthecke geradezu an. Überlegen Sie vorher, wie hoch die Hecke an dem ihr zugedachten Ort werden soll und darf. Denn:
• Für jede gewünschte Höhe und Breite gibt es geeignete Arten.
• Keine starkwüchsigen Arten wählen, wenn Sie die Hecke als zierlichen Raumteiler einsetzen möchten und nur durch Radikalschnitt in Form halten können.
• Schwachwüchsige Arten machen als Sichtschutz zur Straße wenig Sinn.

### Schnittverträgliche Arten

Sommergrüne Laubgehölze:
Feldahorn (*Acer campestre*)
Berberitze (*Berberis thunbergii, B. thunbergii* 'Atropurpurea')
Hainbuche (*Carpinus betulus*)
Zierquitte (*Choenomeles*-Arten und Sorten)
Felsenmispel (*Cotoneaster bullatus, C. dielsianus, C. multiflorus*)
Weißdorn (*Crataegus monogyna, C. laevigata*)
Rotbuche (*Fagus sylvatica*)
Goldglöckchen (*Forsythia*-Arten und Sorten)
Liguster (*Ligustrum*-Arten, sommergrüne Sorten)
Immergrüne/Wintergrüne Laubgehölze:
Berberitze (*Berberis julianae, B. candidula*)
Buchs (*Buxus sempervirens*)

Stechpalme (*Ilex crenata, I. aquifolium* und Sorten)
Liguster (*Ligustrum*-Arten, immergrüne Sorten)
Heckenkirsche (*Prunus laurocerasus* und Sorten)
Feuerdorn (*Pyracantha*-Arten und Sorten)
Nadelgehölze (bis auf *Larix* alle immergrün):
Scheinzypressen (*Chamaecyparis*-Arten und Sorten)
Bastardzypresse (x *Cupressocyparis leylandii*)
Lärchen (*Larix decidua, L. kaempferi*)
Fichten (*Picea abies, P. omorika*)
Eiben (*Taxus baccata, T. cuspidata* und Sorten)
Lebensbaum (*Thuja*-Arten und Sorten)
Hemlocktanne (*Tsuga canadensis*)

## Geeignete Arten

Pflanzen für Schnitthecken müssen bestimmte Voraussetzungen erfüllen, damit sie lange ihrem Zweck dienen. Sie sollten
• leicht und dicht aufziehbar,
• möglichst langlebig
• und gut schnittverträglich sein;
• überdies sollten sie rasch wachsen, damit sie schnell ihre gewünschte Höhe erreichen.

**Hinweis:** Prinzipiell kann man alle Gehölze schneiden. Aber nur wenige Arten vertragen einen ständigen Rückschnitt. Allgemein gilt, daß Arten mit großen, weichen oder fiedrigen Blättern schlecht geeignet sind, da diese zerschnitten und als Folge davon an den Rändern braun werden. Deshalb auf absolute Schnittverträglichkeit achten, schon in Anbetracht der Kosten für eine solche Hecke.

*Lauschiger Sitzplatz, eingerahmt von schmalen Schnitthecken.*

## Sommer- oder Immergrün?

Es bleibt dem persönlichen Geschmack überlassen, ob die Hecke aus immergrünen oder sommergrünen Arten besteht. Für eine immergrüne Hecke wird man sich an einer stark befahrenen und von Fußgängern frequentierten Straße entscheiden, da sie auch im Winter Sicht- und Lärmschutz bietet.

Eine sommergrüne Hecke ist innerhalb des Gartens, zum Beispiel vor der Terrasse oder dem Gemüsebeet, sicher besser geeignet, denn sie läßt im Winter und vor allem im Frühjahr die Sonne durchscheinen. Dunkelgrüne Schnitthecken eignen sich übrigens sehr gut als Hintergrund für ein üppiges Beet aus Rosen, Sommerblumen oder Stauden, für einen Rhododendronhain oder andere auffallende Blütensträucher. Die dunkle, ruhige Wand bildet einen aparten Kontrast und läßt die anderen Farben um so kräftiger leuchten.

**Hinweis:** Zunehmender Beliebtheit erfreut sich der Trend, die Sträucher zu geometrischen Figuren wie Kugeln, Pyramiden oder gar zu Tieren zu trimmen.

## Natürlicher Eindruck

Hecken aus freiwachsenden, ungeschnittenen Gehölzen haben ein ganz besonderes Flair. Durch ihren lockeren Aufbau sorgen sie für einen lebendigen Rahmen und vermitteln den Eindruck des Natürlichen, Ungezwungenen, »Ökologischen«. Das gilt nicht nur für einheimische Wildgehölze, sondern auch für ausgefallene »Ausländer«, etwa Prachtspieren (*Exochorda racemosa*) oder Weigelien (*Weigela*-Arten). Sie bestechen mit geradezu verschwenderischer Blütenpracht und lassen sich sehr gut mit heimischen Gehölzen kombinieren.

## Enormer Platzbedarf

Freiwachsende Hecken sind nichts für beengte Verhältnisse. Im Vergleich zu Schnitthecken haben sie einen enormen Platzbedarf. Bedenken Sie dies unbedingt bei der Planung. Viele unserer schönsten Heckensträucher werden mehrere Meter hoch und natürlich auch entsprechend breit. Nur wenn das Grundstück genügend groß ist, sollten Sie sich für diese Heckenart entscheiden. **Unser Tip:** Über den Daumen gepeilt muß für eine freiwachsende Hecke mindestens ein Platz von 3 m Breite zur Verfügung stehen.

Grundsätzlich unterscheidet man zwischen einer ein- und einer zweireihigen Pflanzung (→ PRAXIS Pflanzung, Seite 44/45). Hier ein paar Anhaltspunkte für den Platzbedarf:
• Kleinere Gärten nur einreihig bepflanzen.
• Bei der Platzberechnung den Grenzabstand nicht vergessen.
• Sträucher im Abstand von etwa 1,50 m pflanzen, sehr ausladende Arten noch weiter auseinander.
• Bei einer zweireihigen Pflanzung die zweite Reihe im Abstand von 1,50 m zur ersten und auf Lücke, also versetzt pflanzen.

## Leichte Pflege

Neben optischen und räumlichen Aspekten sollten immer auch pflegerische Überlegungen in die Planung mit einbezogen werden. Wer weder Zeit noch Lust auf intensive Schnittmaßnahmen hat, wird sich sicherlich gerne für eine freiwachsende Hecke entscheiden. Bei ihr genügt meist nur ein Auslichten im Frühjahr, um die Wuchsfreudigkeit und Blühkraft zu erhalten (→ PRAXIS Schnitt, Seite 50/51). Ohnehin geht man behutsamer an sie heran. Viele Arten würden durch ständiges Herumschnippeln nur ihre natürliche Wuchsform einbüßen, und die macht ja gerade ihren Charme aus.

## Mischung bringt mehr Abwechslung

Bei den freiwachsenden Hecken gibt es die unterschiedlichsten Variationen, wie die Beispiele auf den nachfolgenden Seiten zeigen. Ob Sie sich nun für eine sommergrüne, immergrüne, eine Blütenhecke, eine Wildhecke oder eine Mischung aus allem entscheiden, hängt sowohl von Ihrem Geschmack ab als auch von dem Effekt, den Sie erzielen wollen. Grundsätzlich gibt es zwei Möglichkeiten:
• Hecke aus einer Art.
Wenn Sie nur eine Art oder Sorte verwenden, wirkt die Hecke insgesamt einheitlicher und ruhiger. Der Vorteil liegt vor allem darin, daß bei der Auswahl nicht auf unterschiedliche Standort- und Pflegeansprüche verschiedener Arten Rücksicht genommen werden muß.
• Hecke aus verschiedenen Arten.
Eine gemischte Hecke macht zwar bei der Planung und vielleicht auch bei der Pflege etwas mehr Mühe, dafür bietet sie wesentlich mehr Abwechslung. Wenn Sie mit etwas Geschick vorgehen, können Sie sich das ganze Jahr über an einem »Highlight« freuen, sei es an unterschiedlichen Blüten, an verschiedenen Blattformen und -färbungen oder an leuchtenden Früchten.

# Freiwachsende Hecken

*Die lockere Hecke aus Bambus schafft exotisches Flair.*

## Gehölzgruppen

In vielen Gärten ist man mit einer lockeren Gruppe aus freiwachsenden Bäumen und Sträuchern besser beraten. Wichtig sind auch hier die Relationen. Je kleiner das Grundstück, desto zierlicher die Gehölze. Umgekehrt wirken niedrige Büsche in einem großen Garten eher verloren.

Je nach Platzangebot bestehen solche Gehölzgruppen aus einem oder zwei Leitelementen, nämlich Bäumen oder Großsträuchern, und einigen Nebenelementen, in der Regel 3 bis 6 niedrigeren Sträuchern oder kleinen Bäumen. Grundsätzlich sollten die Nebenelemente die Wirkung der Leitelemente unterstreichen und heben. Wählen Sie Arten mit unterschiedlichen

*Waldrebe.*

*Berberitzen in verschiedenen Grüntönen.*

*Der Wollziest sorgt für farblichen Kontrast.*

Höhen, das belebt das Bild. Reizvolle Kombinationen sind zum Beispiel ein auffallendes Blütengehölz wie die Japanische Zierkirsche (*Prunus serrulata* mit vielen Sorten) oder ein Zierapfel (*Malus*-Arten) mit neutraleren Arten oder buntlaubige Sorten wie ein Fächerahorn (*Acer palmatum*-Sorten) mit silbriggrünen Gehölzen. Mit Farben sollten Sie jedoch eher sparsam umgehen, vor allem, wenn mehrere gleichzeitig blühende Gehölze dabei sind, sonst wird es zu unruhig.

## Wie sich Gehölze kombinieren lassen

Hier einige Vorschläge für Gehölzgruppen. Selbstverständlich können Sie auch andere Arten und Sorten wählen und je nach Platzangebot noch ein Leitgehölz mehr pflanzen.

Für den großen Garten
Als Leitgehölze eignen sich Spitzahorn (*Acer platanoides*), Rotbuche (*Fagus sylvatica*) und Blutbuche (*Fagus sylvatica* 'Swat Magret'). Dazwischen passen einige Felsenbirnen (*Amelanchier*-Arten), Hasel-

nußsträucher (*Corylus avellana*) und Kornelkirschen (*Cornus mas*).

Für den kleinen Garten
Als Leitgehölz nimmt sich sehr schön aus eine Goldakazie (*Robinia pseudoacacia* 'Frisia') oder ein Zierapfel (*Malus floribunda*), dazu passen niedrigere Arten wie Ranunkelstrauch (*Kerria japonica*), Fiederspiere (*Sorbaria sorbifolia*), Pfeifenstrauch (*Philadelphus cymosus* 'Banniere' und Sorten) und Blutjohannisbeere (*Ribes sanguineum* 'King Edward').

*Blühende Berberitzenhecke vor ornamentalen Gehölzen.*

Schnittmaßnahmen, kompakt und schmal wachsen und so auch für kleinere Gärten in Frage kommen.

## Immergrüne Laubgehölze

Freiwachsende, immergrüne Hecken lassen sich im Gegensatz zu den immergrünen Schnitthecken aus verschiedenen Arten und Sorten aufbauen. Es müssen zwar ähnliche Standortbedingungen herrschen, dafür kann man sich die aufwendigen Schnittmaßnahmen sparen.

Viele denken bei Immergrünen nur an Nadelgehölze. Dabei gibt es eine ganze Reihe immergrüner Laubgehölze, die sich hervorragend in freiwachsende Hecken einfügen. Sie zeichnen sich durch derbe, ledrige, oft glänzende Blätter aus. Einige bestechen mit einer üppigen Blütenpracht, man denke nur an Alpenrosen (*Rhododendron*-Arten und Sorten) oder das Schattenglöckchen (*Pieris*-Arten). Feuerdorn (*Pyracantha*-Arten) oder Berberitzen (*Berberis*-Arten) schmücken sich mit leuchtenden Beeren, die oft lange bis in den Winter an den Zweigen bleiben und willkommene Nahrung für allerlei Getier sind (→ Wildhecken, Seite 32). Daran können Sie sich natürlich nur erfreuen, wenn Sie die Gehölze nicht schneiden.

Gemischte Gruppe aus Laub-
und Nadelgehölzen
Auch hier hängt es natürlich vom Platz ab, ob Sie nur jeweils eine Art pflanzen oder mehrere. Hübsche Leitgehölze sind zum Beispiel Lärche (*Larix decidua* oder *L. kaempferi*), Koreatanne (*Abies koreana*), Douglasie (*Pseudotsuga menziesii*) oder Zirbelkiefer (*Pinus cembra*). Dazu lassen sich gut kombinieren Rhododendron (*Rhododendron*-Arten und Sorten), Schattenglöckchen (*Pieris floribunda* oder *P. japonica*) und Roter Hartriegel (*Cornus sanguinea*).

## Sichtschutz fürs ganze Jahr

Immergrüne Hecken haben den Vorteil, daß sie das ganze Jahr über Schutz bieten. Vor allem an großen Straßen oder in Wind und Wetter besonders ausgesetzten Lagen sind sie auf jeden Fall am richtigen Platz (→ Kapitel Planung, Seite 4 bis 21). So eine Hecke muß nicht zwangsläufig aus dem bekannten, streng beschnittenen Thujen-Einerlei bestehen. Es gibt genügend Arten und Sorten, die von Natur aus, also ohne

## Geeignete Gehölze

Immergrüne/wintergrüne
Laubgehölze
(Auch die verschiedenen
Sorten der genannten Arten
sind geeignet.)
Berberitzen (*Berberis*-
Arten)
Buchs (*Buxus sempervirens*)
Felsenmispeln (*Cotoneaster*-
Arten)
Stechpalme (*Ilex*-Arten)
Liguster (*Ligustrum vulgare*)
Heckenmyrte (*Lonicera
nitida* und Sorten)
Purpus-Heckenkirsche
(*Lonicera x purpusii*)
Mahonie (*Mahonia aqui-
folium*)
Schattenglöckchen (*Pieris*-
Arten)
Kirschlorbeer (*Prunus
laurocerasus*)
Feuerdorn (*Pyracantha*-
Arten)

Alpenrosen (*Rhododendron*-
Arten)
Immergrüner Schneeball (*Vi-
burnum rhytidophyllum*)
Nadelgehölze mit schlan-
kem, säulenförmigem Wuchs
Scheinzypressen (einige
Sorten der *Chamaecyparis*-
Arten)
Bastardzypresse (*x Cupres-
socyparis notabilis* und
*x C. leylandii* mit den Sorten
'Green Spire' und 'Leighton
Green')
Wacholder (einige Sorten
von *Juniperus chinensis,
J. communis, J. scopulorum*)
Fichte (*Picea abies* 'Cupres-
sina', 'Columnaris' und
'Pyramidata')
Serbische Fichte (*Picea omo-
rika*)
Säuleneibe (*Taxus baccata*
'Columnaris', 'Flushing')

## Bunte Vielfalt der Nadeln

Nadelgehölze werden inzwi-
schen auch in vielen verschie-
denfarbigen Sorten angeboten.
Sämtliche Schattierungen von
Grün über Grau, Silber oder
Blau bis zu Gelb sind ver-
treten.
Aber Vorsicht! Überlegen Sie
gerade den Einsatz verschiedener buntlaubiger Sorten sehr
gründlich. Behalten Sie vor
allem den Stil von Garten,
Haus und der weiteren Umgebung gut im Auge. Man kann
sicher geteilter Meinung sein,
ob beispielsweise für ein baye-
risches Landhaus eine blaue,
gelbe oder gar bunte Hecke der
passende Rahmen ist.
**Unser Tip:** Laub- und Nadelgehölze lassen sich, ebenso
wie zu Gehölzgruppen, auch
zu einer gemeinsamen Hecke
kombinieren.

## Sommergrüne Hecken

Wer nicht unbedingt das ganze
Jahr über auf einen dichten
Sicht- oder Lärmschutz ange-
wiesen ist, sollte sich die Anlage einer freiwachsenden, sommergrünen Hecke überlegen.
Abgesehen davon, daß sie im
Winter die Sonne durchscheinen läßt, kann man sie interes-
santer und abwechslungsrei-
cher gestalten als eine immergrüne Hecke. Und das alles
bietet sie:
• Üppige Blütenpracht (→ Blütengehölze, Seite 34). Wer ist
nicht bezaubert vom Anblick
einer blühenden Rosenhecke.
• Farbiges oder panaschiertes
Laub. Dadurch läßt sich das
meist vorherrschende Grün
auflockern und absetzen, ja,
man kann mit den verschiedenen Färbungen richtig spielen.
Hübsch ist zum Beispiel der
Eschenahorn mit weißbuntem
oder gelbbuntem Laub (*Acer
negundo* 'Variegatum' und
'Odessanum'). Auch vom Hartriegel (*Cornus alba*) und vom
Spindelstrauch (*Euonymus
fortunei*) gibt es panaschierte
Sorten. Rotes Laub besitzen
beispielsweise einige Fächer-
ahorn-Sorten (*Acer palmatum*), der Perückenstrauch
(*Cotinus coggygria* 'Royal
Purple'), die Blutbuche (*Fagus
sylvatica* 'Atropunicea' und
'Roseomarginata') oder die
Blutpflaume (*Prunus cerasifera*
'Nigra').

*Hortensien behalten ihren nostalgischen Reiz auch noch über die üppige Blütezeit hinaus.*

• Leuchtende Herbstfärbung. Gehölze, die sich dadurch auszeichnen, beleben Ihren Garten mit einer ganz besonderen Note. Ahorn (*Acer*-Arten), Felsenbirne (*Amelanchier laevis*), Buche (*Fagus sylvatica*), Zaubernuß (*Hamamelis mollis*), Lärche (*Larix*-Arten) oder Essigbaum (*Rhus typhina* und *R. glabra*) sind nur einige Beispiele.

• Bunte Früchte. Gerade einheimische Arten tragen oftmals Früchte in kräftigen Farben, die bis weit in den Herbst und Winter hinein an den Zweigen bleiben (→ Wildhecken, Seite 32). Das Zwitschern der Vögel, die sich an den Beeren gütlich tun, trägt zur Belebung des winterstillen Gartens bei. **Unser Tip**: Unter den Gehölzen gibt es auch solche mit

bunter Rinde, die vor den meist fahlen Winterfarben ungewöhnlich reizvoll wirken. Besonders hübsch sind Birken (*Betula*-Arten), Schlangenhaut-Ahorn (*Acer capillipes*), Zimtahorn (*Acer griseum*), Sibirischer Hartriegel (*Cornus alba* 'Sibirica'), Gelber Hartriegel (*Cornus sericea* 'Flaviramea') oder die Kupferkirsche (*Prunus serrula*).

*Die leuchtend roten Früchte des Gemeinen Schneeballs locken Vögel und andere Tiere an.*

## Wildhecken

Eine ökologisch besonders wertvolle Form der freiwachsenden Hecke ist die Wildhekke. Ihr Vorbild ist in der freien Natur zu suchen, dort, wo niemand die Artenauswahl vorgibt oder gar pflegend eingreift. Je nach Standort gesellen sich die Pflanzen, die mit den vorherrschenden Bedingungen am besten zurechtkommen, ganz von allein zueinander. Über kurz oder lang stellen sich auch die verschiedensten Tierarten ein, weil sie Lebensraum und Nahrung finden. Vögel, Säugetiere, Amphibien, Insekten und Spinnen weben und leben hier miteinander und vor allem voneinander. So ergibt sich ein natürliches Gleichgewicht, in dem jeder seinen Platz hat.

Damit sich dieses Gleichgewicht auch bei einer im Garten angelegten Wildhecke ergibt, sollte sie hauptsächlich aus einheimischen Gehölzen bestehen. Ein Beispiel: Von unserer Korbweide (*Salix viminalis*) leben über 100 Käferarten, vom nordamerikanischen Essigbaum hingegen, der bei uns auch wächst, nicht eine einzige heimische Insektenart.

Dennoch dürfen ruhig auch ein paar »Ausländer« wie Deutzien (*Deutzia*-Arten) oder Weigelien (*Weigela*-Arten) dazwischen gepflanzt werden.

**Unser Tip:** Orientieren Sie sich bei der Auswahl der Gehölze an Ihrer Umgebung. Wenn Sie mit wachen Augen durch die Natur gehen, finden Sie viele Anhaltspunkte, welche Arten für Ihre Wildhecke geeignet sind. In den verschiedenen Regionen gibt es auch unterschiedliche Pflanzen. Auskunft über einheimische Gehölze erteilen die örtlichen Botanischen Gesellschaften und Naturwissenschaftlichen Vereine (→ Adressen, Seite 62).

## Ökologisches Gleichgewicht

In einer Wildhecke, deren Gedeihen von einem derartigen ökologischen Gleichgewicht abhängt, halten sich Schädlinge und Nützlinge die Waage. Gibt es zum Beispiel viele Blattläuse, so vermehren sich die Marienkäfer, die sich von diesen ja ernähren, sehr stark. Nimmt der Blattlausbestand nun entsprechend ab, werden auch die Marienkäfer weniger. Dies funktioniert allerdings nur, solange ihnen der Lebensraum zusagt. Tut er das nicht, bleiben sie aus, und die Blattläuse vermehren sich explosionsartig.

## Vogelschutz- und Vogelnährgehölze

Vögel sind im Garten gerngesehene Gäste. Da ist eine Wildhecke geradezu ideal, denn hier können sich die verschiedensten Vogelarten auf Dauer ansiedeln. Man unterscheidet zwei Arten:

Vogelschutzgehölze tragen Zweige, die fast undurchdringlich miteinander verflochten und mit Dornen oder Stacheln oder auch beiden bewehrt sind. Vögel können in ihrem Schutz gut nisten und sind vor Feinden weitgehend sicher. Zu diesen Gehölzen zählen zum Beispiel Berberitzen (*Berberis*-Arten), Weißdorn (*Crataegus*-Arten), Liguster (*Ligustrum vulgare*), Schlehe (*Prunus spinosa*), Wildrosen (*Rosa*-Arten), Brombeeren (*Rubus*-Arten), aber auch verschiedene Nadelgehölze wie Eiben (*Taxus baccata*) oder Fichten (*Picea*-Arten).

Vogelnährgehölze sind überwiegend Arten mit auffallend gefärbten Früchten, wie zum Beispiel Kornelkirsche (*Cornus mas*), Pfaffenhütchen (*Euonymus europaea*), Sanddorn (*Hippophaë rhamnoides*), Heckenkirsche (*Lonicera maackii*), Wildäpfel (*Malus*-Arten), Vogelkirsche (*Prunus avium*), Wildrosen (*Rosa*-Arten), Holunder (*Sambucus*-Arten), Vogelbeere (*Sorbus aucuparia*), Schneeball (*Viburnum opulus, V. lantana*), aber auch Ahorn (*Acer*-Arten), Weiden (*Salix*-Arten) oder Eiben (*Taxus baccata*).

**Hinweis**: Manche Wildhecken-Gehölze tragen wohlschmeckende Früchte, zum Beispiel Kornelkirsche (*Cornus mas*), Haselnuß (*Corylus avellana*), Sanddorn (*Hippophaë rhamnoides*), Schlehe (*Prunus spinosa*) oder Schwarzer Holunder (*Sambucus nigra*).

## Bienennährgehölze

Jeder Gartenbesitzer freut sich im Frühjahr über einen Besuch der Bienen. Sie liefern nicht nur köstlichen Honig, sondern spielen auch eine entscheidende Rolle bei der Bestäubung vieler Pflanzenarten, nicht zuletzt unserer Obstgehölze. Um so wichtiger ist es, ihnen geeignete Futterpflanzen anzubieten. Die Blüten sollten möglichst einfach sein und viel Nektar enthalten. Gefülltblühende Sorten sind deshalb eher ungünstig.

Gut geeignet für Bienen, zum Teil auch für Schmetterlinge, sind: Ahorn (*Acer*-Arten), Felsenbirnen (*Amelanchier lamarckii*), Zierquitte (*Choenomeles*-Arten), Schmetterlingsstrauch (*Buddleja*-Arten), Goldglöckchen (*Forsythia*-Arten), Fingerkraut (*Potentilla*-Arten), Spierstrauch (*Spiraea*-Arten), Flieder (*Syringa*-Arten).

## Blühende Heckengehölze
(Die römischen Ziffern beziehen sich auf die Blütezeit.)

Die schönsten Frühlingsblüher

Felsenbirne (*Amelanchier*-Arten), weiß, IV

Zierquitten (*Choenomeles*-Arten), weiß bis rot, IV-V

Hartriegel (*Cornus mas*), gelb, II-IV

Deutzien (*Deutzia*-Arten), weiß, V-VI

Goldglöckchen (*Forsythia*-Arten), gelb, III-IV

Zaubernuß (*Hamamelis*-Arten), gelb, rot, I-II

Ranunkelstrauch (*Kerria japonica*), gelb, IV-VI

Kolkwitzie (*Kolkwitzia amabilis*), rosa, V-VI

Goldregen (*Laburnum*-Arten), gelb, V-VI

Geißblatt (*Lonicera caerulea*), gelblich, IV-V

Zierkirschen (*Prunus*-Arten), weiß bis rosa, III-V

Feuerdorn (*Pyracantha*-Arten), weiß, V

Zierjohannisbeeren (*Ribes*-Arten), gelb, rot, IV

Wildrosen (*Rosa*-Arten), viele Farben, V-X

Spierstrauch (*Spiraea*-Arten), weiß bis rosa, IV-VIII

Flieder (*Syringa*-Arten), viele Farben, V

Schneeball (*Viburnum*-Arten), weiß bis hellrosa, II-VI

Die schönsten Sommerblüher

Strauchkastanie (*Aesculus parviflora*), weiß, VII-VIII

Blasenstrauch (*Colutea arborescens*), gelb, VI-VII

Perückenstrauch (*Cotinus coggygria*), gelbgrün, VI-VII

Hortensien (*Hydrangea*-Arten), verschiedene Farben, VI-VIII

Johanniskraut (*Hypericum*-Arten), gelb, VII-IX

Lavendel (*Lavandula*-Arten), blau bis violett, VII-IX

Strauchrosen (*Rosa*-Sorten), viele Farben, VI-X

Fiederspiere (*Sorbaria aitchisonii*), weiß, VI-VII.

Die schönsten Herbstblüher

Bartblume (*Caryopteris*-Arten), blau, VIII-X

Virginianische Zaubernuß (*Hamamelis virginiana*), gelb, XI-XII

Garteneibisch (*Hibiscus syriacus*), verschiedene Farben, VIII-X

Jasmin (*Jasminum nudiflorum*), gelb, XII-II

Blauraute (*Perovskia*-Arten), blau, VIII-X

Schneekirsche (*Prunus subhirtella* 'Autumnalis'), rosa, XI-XII

Duftschneeball (*Viburnum farreri*), rosa, XI-III

## Blütenhecken im Frühling

Blühende und duftende Sträucher gehören mit zum Schönsten, was der Garten zu bieten hat. Vor allem, wenn nach den langen Wintermonaten die ersten Blüten und Blätter an den kahlen Gehölzen erscheinen, spürt man so richtig, wie die Lebensgeister wieder erwachen. Einige Arten wie Hartriegel, Zaubernuß oder Haselnuß blühen sogar schon im Februar.

Der überschäumende Blütenreichtum frühblühender Heckengehölze kann dazu verleiten, zuviel des Guten zu tun. Überlegen Sie vorher, welche Arten zur gleichen Zeit blühen und wie dann wohl die Farbwirkung ist. Zudem gibt es ausgesprochen dominante Pflanzen wie beispielsweise die Forsythie. So ein Strauch sollte überlegt in einer Hecke eingesetzt werden, um nicht alle anderen zu erdrücken. Auch bei den verschiedenen Rosa- und Rottönen empfiehlt sich eine gründliche Planung, vor allem in Verbindung mit Gelb und Orange. Mit ein paar dazwischen gepflanzten weißblühenden oder grünen Arten schaffen Sie einen Ausgleich. **Hinweis:** Vergessen Sie bei all den optischen Überlegungen nicht die Standortansprüche. Die sollten bei den verschiedenen Arten natürlich auch ähnlich sein.

*Eine so überschäumend blühende Rosenhecke ist ein wahrer Augenschmaus.*

## Sommerhecken

Die Mehrzahl der Heckensträucher blüht im Frühjahr oder Frühsommer. Je weiter das Jahr voranschreitet, desto mehr nimmt die Blühfreudigkeit ab. Das ist auch durchaus verständlich, da ja die Fruchtbildung und -reife einige Zeit erfordert. Trotzdem gibt es eine Reihe wunderschöner Sträucher, die auch im Hochsommer noch ihre ganze Pracht entfalten. Die Grundsätze für die Gestaltung sind die gleichen wie bei den Frühlingshecken.

**Unser Tip:** Von einigen Gattungen gibt es Arten und Sorten mit sehr unterschiedlicher Blütezeit. Vergewissern Sie sich deshalb beim Kauf, daß das Gehölz zur gewünschten Zeit auch blüht.

## Schön in Herbst und Winter

Neben leuchtender Herbstfärbung und bunten Früchten warten einige wenige Arten und Sorten auch im Herbst noch mit Blüten auf. Es gibt sogar welche, die im Winter blühen. Sie setzen in der eher dunklen und tristen Jahreszeit ganz besondere Glanzlichter in die Hecke.

*Auch ein dicht mit Kletterpflanzen überrankter Zaun bietet guten Sichtschutz.*

*Trompetenblume.*

## Alternativen

• Zaun
So schön eine Hecke auch ist –
es gibt Situationen, in denen
Sie eine andere Lösung vorzie-
hen sollten. Vor allem bei sehr
kleinen Gärten sind Sie mit einem Zaun, den Sie üppig und
bunt bepflanzen, besser beraten. Wählen Sie eine möglichst
einfache, schlichte Ausführung,
denn ein aufwendiger und auf-
fälliger Zaun würde sich der
Bepflanzung nicht unterord-
nen, sondern Blickfang sein.
Bei der Auswahl des Materials
sollten Sie auf gut imprägnier-
tes Holz und verzinktes, rost-
freies Metall achten. Ist der
Zaun erst einmal mit mehrjährigen Pflanzen bewachsen,
wird es schwierig, ihn zu
pflegen.

**Wichtig:** Zäune, die mit Kletterpflanzen begrünt werden, müssen fest verankert und stabil sein. Sie brechen sonst womöglich unter dem Gewicht zusammen.

Auf der nebenstehenden Tabelle finden Sie eine Auswahl der schönsten Kletterpflanzen. Kletterhilfen sind ein Spalier, Draht, Holzlatten oder ähnliches.

Bei der Wahl der Pflanzen kommen aber nicht nur solche, die klettern, in Frage, sondern auch Stauden oder Sommerblumen.

**Unser Tip:** Kombinieren Sie Einjährige und Mehrjährige. Die Einjährigen können Sie jedes Jahr wechseln, das ergibt immer wieder ein anderes Bild.

• Mauer

Eine Mauer als Grundstücksgrenze muß kein grauer und häßlicher Anblick sein. Natursteine bieten auf jeden Fall ein anderes Bild als Beton. Überdies lassen sich Mauern mit verschiedenen Kletterpflanzen wunderbar begrünen und wirken dadurch ganz und gar nicht langweilig. Kästen und Schalen mit Hängepflanzen, die Sie auf der Mauerkrone aufstellen können, sorgen für zusätzlichen Schmuck.

• Spanische Wand und Paravent

Als zierlicher Sichtschutz für die Terrasse eignen sich auch hervorragend Flechtzäune,

## Schöne Kletterpflanzen

Mehrjährige Kletterpflanzen
Trompetenblume (*Campsis*-Arten), Wurzelkletterer
Baumwürger (*Celastrus orbiculatus*), stabile Gerüste
Waldrebe (*Clematis*-Arten), braucht Kletterhilfe
Spindelstrauch (*Euonymus fortunei*), klettert mit Haftwurzeln
Schlingknöterich (*Fallopia aubertii*), benötigt Kletterhilfe
Efeu (*Hedera helix*), klettert mit Haftwurzeln
Hopfen (*Humulus lupulus*), benötigt Kletterhilfe
Kletterhortensie (*Hydrangea anomala ssp. petiolaris*), klettert mit Haftwurzeln
Winterjasmin (*Jasminum nudiflorum*), Spreizklimmer
Geißblatt (*Lonicera*-Arten), benötigt Kletterhilfe

Wilder Wein (*Parthenocissus*-Arten), klettert mit Ranken und Haftscheiben
Kletterrosen (*Rosa*-Arten), Spreizklimmer
Weinrebe (*Vitis*-Arten), braucht Kletterhilfe
Blauregen (*Wisteria*-Arten), braucht stabile Kletterhilfe
Einjährige Kletterpflanzen
Alle benötigen Kletterhilfen.
Glockenrebe (*Cobaea scandens*)
Zierkürbis (*Cucurbita pepo*)
Japanhopfen (*Humulus japonicus*)
Duftwicke (*Lathyrus odoratus*)
Trichterwinde (*Pharbitis*-Arten)
Feuerbohne (*Phaseolus coccineus*)
Schwarzäugige Susanne (*Thunbergia alata*)

Spanische Wände oder Paravents, die von Kletterpflanzen überzogen werden. Wenn Sie handwerklich geschickt sind, können Sie die leichten Holzkonstruktionen auch auf Rollen montieren und so eine mobile Wand schaffen, die sich beliebig einsetzen läßt.

• Obsthecke

Obsthecken sind eine ideale Alternative, wenn Sie weder Zaun noch Mauer noch eine große Hecke mögen. Auch die Früchte, die dabei abfallen, sind nicht zu verachten. Gut eignen sich schwachwüchsige Apfel- und Birnensorten, denn sie lassen sich im Gegensatz zu den anderen Obstarten ohne großen Aufwand leicht in Form halten. Allerdings brauchen sie ein Stützgerüst aus waagerecht gespanntem Draht oder Holz, denn die Triebe müssen ja seitlich gezogen werden.

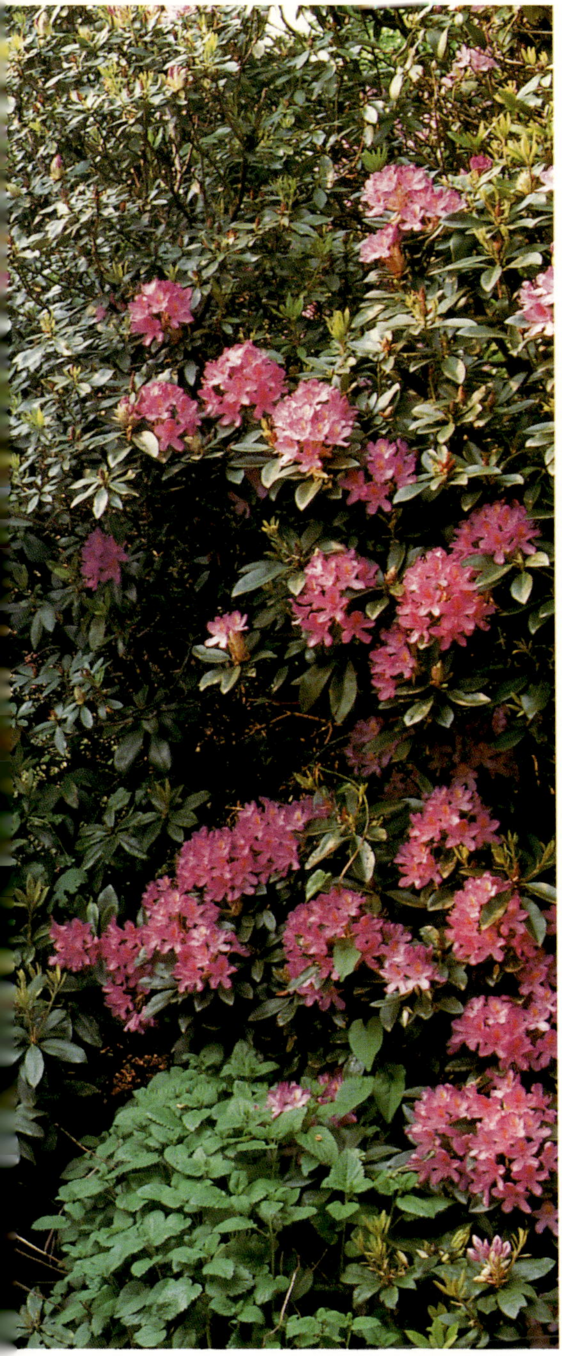

Pflanzen, schneiden und vermehren

# Gehölze pflegen

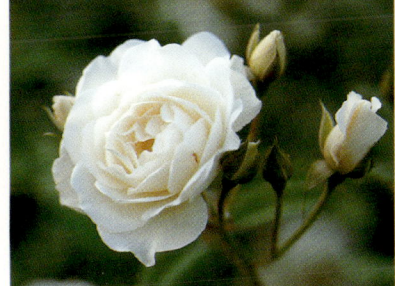

Gehölze gelten oft als der Inbegriff von Kraft, Gesundheit und Robustheit. Damit sie über die vielen Jahre ihres Lebens diesem Ruf gerecht werden, müssen sie sorgfältig ausgesucht, an den richtigen Standort gepflanzt und auch sachgemäß gepflegt werden.

*Foto oben: Strauchrose 'Schneewittchen'.*
*Foto links: Einladend wirkt dieser Eingang mit schön gepflegter Buchenhecke und verschwenderisch blühendem Rhododendron.*

*Für solch ein Blütenmeer aus Rhododendren brauchen Sie sauren Boden oder ein Moorbeet.*

## Bodenbeschaffenheit

Bevor Sie ans Kaufen und Pflanzen von Heckensträuchern gehen, sollten Sie sich über die Eigenschaften des Gartenbodens informieren, denn viele Gehölzarten haben bestimmte Ansprüche (→ Tabelle, Seite 18/19). Wer ganz sicher gehen will, kann eine Bodenprobe an ein Untersuchungslabor schik-ken (Adressen im Branchenverzeichnis). Es ermittelt neben den wichtigsten Eigenschaften auch pH-Wert und Nährstoffgehalt; außerdem gibt es spezielle Tips zur Bodenverbesserung.

**Hinweis:** In bestimmten Fällen kann eine Untersuchung auf spezielle Schadstoffe sinnvoll sein, etwa wenn der Garten an einer vielbefahrenen Straße liegt. Belastungen beispielsweise mit Streusalz können Sie dann bei der Gehölzauswahl berücksichtigen.

## Bodenschichtung

Der Boden besteht aus verschiedenen Schichten. Für die Pflanzen sind die oberen besonders wichtig:

Humus bildet die oberste Schicht. Man versteht darunter die abgestorbenen organischen Stoffe des Boden. Verschiedene Bodenorganismen wie Kleintiere, Pilze und Bakterien wandeln organischen »Abfall« um und vermischen ihn mit dem übrigen Bodenmaterial. Je intensiver der Pflanzenwuchs, desto dicker die Humusschicht. Für die Qualität des Bodens ist Humus besonders wichtig, denn er speichert Wasser und Nährstoffe und sorgt für gute Durchlüftung sowie eine lockere Bodenstruktur.

Der Oberboden liegt unter dem Humus und ist eine ziemlich dünne Schicht. Er enthält noch einen relativ hohen Humusanteil.

Der Unterboden ist meist wesentlich mächtiger, weist jedoch weniger Humusanteil auf. Die Stärke der Bodenschichten ist für die Gehölze sehr wichtig. Ein tiefgründiger Boden, der bis in 60 cm Tiefe und mehr reicht, bietet den Pflanzen viel Wurzelraum und damit auch eine bessere Wasser- und Nährstoffversorgung als ein flachgründiger Boden mit nur 20 bis 30 cm dicken Bodenschichten.

**Hinweis:** Flachgründige Böden sind nur für Gehölze mit oberflächennahen Wurzeln geeignet. Dazu zählen zum Beispiel Salweide (*Salix caprea*) oder Berberitze (*Berberis*).

## Bodenverbesserung

Die bodenverbessernden Maßnahmen richten sich danach, was Sie für einen Boden haben.

Sandboden ist relativ grobkörnig und locker. Seine Vorteile sind guter Wasserabzug, gute Luftversorgung und rasche Erwärmung. Dafür trocknet er schnell aus und kann Nährstoffe schlecht halten. Verbessern läßt er sich durch Gaben von reifem Kompost und lehm- oder tonhaltigen Stoffen.

Toniger Boden ist sehr schwer. Da er viel Wasser aufsaugt, kann es zu Staunässe und auch zu Fäulnis wegen Luftmangels kommen. Außerdem erwärmt er sich nur langsam. Dafür zeichnet er sich durch gute Wasserversorgung und Nährstoffspeicherung aus. Schwere Tonböden werden mit reifem Kompost und grobem Sand verbessert und gelockert.

Lehmböden, vor allem sandiger Lehm, verbinden die Vorteile von Sand- und Tonböden und sind für fast alle Gehölze geeignet.

**Unser Tip:** Bei stark verdichteten Böden empfiehlt sich eine Bodenverbesserung durch Gründüngung, spezielle Saatmischungen aus Sommerblumen, die im Frühjahr ausgebracht werden. Sie lockern mit ihren Wurzeln den Boden und reichern ihn mit Biomasse und Stickstoff an. Vor der Blüte werden sie gemäht, als Mulch liegengelassen oder leicht eingearbeitet.

Kompost ist für jeden Boden die ideale Verbesserung. Er reichert leichte Sandböden an, so daß sie Wasser und Nährstoffe besser halten können. Er lockert schwere Tonböden, die dadurch besser durchlüftet sind und sich folglich leichter erwärmen.

**Hinweis:** Für säureliebende Arten wie Blumenhartriegel (*Cornus florida*) oder Hemlocktanne (*Tsuga canadensis*) kann man den Boden mit einer Schicht aus Nadelstreu mulchen, sie senkt den pH-Wert.

## Moorbeet

Kalkempfindliche Pflanzen wie Alpenrosen (*Rhododendron*-Arten) oder Lorbeerrosen (*Kalmia*-Arten) gedeihen auf sehr kalkhaltigen Böden auf die Dauer nur schlecht. Wer den Aufwand nicht scheut, kann sich ein Moorbeet anlegen:

• Pflanzloch oder Graben mindestens 60 cm tief ausheben.
• Wände mit Folie auskleiden, damit kein Kalk von den Seiten einsickern kann.
• Den Boden 10 bis 20 cm hoch mit grobem Gehölzhäcksel oder Reisig bedecken.
• Spezielle Rhododendron-Erde auffüllen und Pflanzen einsetzen.

## Wo kauft man ein?

Es gibt verschiedene Möglich-keiten, Gehölze einzukaufen.
• In einer Baumschule kann man die Pflanzen nicht nur »in natura« sehen und beurteilen, sondern auch fachkundigen Rat bekommen.
• Gartencenter bieten in der Regel auch Gehölze an. Leider gibt es große Unterschiede hin-sichtlich der Qualität der Ware.
• Bei auf Versand spezialisier-ten Gärtnereien kann man in Ruhe zu Hause auswählen und erhält meist auch das Richtige.
• Gehölze in Supermärkten sind oft nicht fachgerecht gela-gert und manchmal schon sehr lange unterwegs.
**Hinweis:** Baumschulen in Ihrer Nähe haben den Vorteil, daß die dort gezogenen Gehölze an das örtliche Klima angepaßt sind. Achten Sie darauf, daß sie Mit-glied des Bundes Deutscher Baumschulen (BdB) sind und den Namen »Deutsche Marken-baumschule« führen. BdB-Baumschulen dürfen nur Pflan-zen verkaufen, bei denen Sor-tenechtheit, gute Bewurzelung, Gesundheit und Fehlerfreiheit garantiert sind.
**Unser Tip:** Machen Sie sich vor dem Einkauf eine genaue Liste mit den gewünschten Arten und Sorten. Nehmen Sie mehrere Alternativen auf, damit Sie Ausweichmöglichkeiten haben, falls das eine oder an-dere Gehölz nicht vorrätig ist.

## Tips für die Auswahl

Bevor Sie kaufen, sollten Sie sich die Gehölze gründlich ansehen. Hier einige Tips, wor-auf Sie achten müssen:
• exakte Art- und Sortenbe-zeichnung,
• einwandfreie, regelmäßig gewachsene Ware,
• kein erkennbarer Schädlings-oder Krankheitsbefall,
• verletzungsfreie Rinde, keine gebrochenen oder geknickten Triebe,
• keine aus dem Container her-auswachsenden Wurzeln.

## Angebotsformen

Gehölze werden in der Baum-schule in verschiedenen For-men gezogen und verkauft. Sind sie aus einer BdB-Baum-schule, müssen sie zusätzlich noch einige Qualitätsanforde-rungen erfüllen:
Heister sind baumartige Pflan-zen, die jedoch keine richtige Krone ausgebildet haben und daher in erster Linie für Hek-kenpflanzungen in Frage kom-men. Sie müssen mehrmals verpflanzt sein.
Hochstämme haben einen durchgehenden, geraden, ver-zweigungsfreien Stamm mit einer Höhe von mindestens 180 cm, zudem eine gerade Stammverlängerung innerhalb der Krone, außer bei Kugel-bäumen, Trauer- oder Hänge-

formen. Je nach Art oder Sorte müssen sie öfter verpflanzt sein.
Stammbüsche sind besonders reich verzweigte, gut entwik-kelte Exemplare aus weitem Stand mit einer Mindesthöhe von 250 cm. Sie müssen min-destens zweimal verpflanzt sein.

Mit oder ohne Ballen
• Ballenlose Pflanzen, also solche mit freien Wurzeln, sind am billigsten. Sie werden aber nur noch selten angeboten, denn sie sind schwieriger und aufwendiger in der Pflanzung (→ PRAXIS Pflanzung, Seite 44/45).
• Pflanzen mit Ballen sind teu-rer, weil aufwendiger in der Anzucht. Um den Ballen vor Beschädigung und Austrock-nung zu schützen, schlägt man ihn in ein Leinen- oder Kunst-stofftuch ein.
• Containerpflanzen befinden sich bereits in Kunststoffbe-hältern. Sie haben den großen Vorteil, daß sie außer im Win-ter zu jeder Zeit gepflanzt wer-den können und leicht zu trans-portieren sind.
**Unser Tip:** Für Schnitthecken kann man Pflanzen aus »en-gem Stand« wählen, das heißt, sie waren in der Baumschule dicht nebeneinander gepflanzt, sind weniger gut verzweigt und billiger als solche aus »weitem Stand«, die für Gehölzgrup-pen, freiwachsende Hecken und Einzelstand geeignet sind.

*Kontrast der Wuchsformen: Hochstämmige Birke vor buschiger Hainbuchenhecke.*

# Praxis: Pflanzung

Eine sehr wichtige Phase im Leben der Gartengehölze ist der Wechsel von der Baumschule an den endgültigen Standort im Garten. Wie gut die Pflanzung durchgeführt wurde, ist oft noch über Jahre hinaus für das Wohlergehen der Pflanze entscheidend.

## Hecken richtig pflanzen

Wichtig ist bereits die Pflanztiefe:
• Bei zu tief eingesetzten Pflanzen liegt der Ansatz der Hauptwurzel zu weit im Boden und wird dadurch schlechter mit Luft versorgt.
• Bei zu hoch eingepflanzten Gehölzen hingegen können Wurzelteile und damit auch Sproßbereiche vertrocknen.
Faustregel: Gehölze werden stets so tief in den Boden gepflanzt, wie sie auch zuvor in der Baumschule gestanden haben.

## Pflanzloch ausheben
(Zeichnung 1)

Das Pflanzloch muß so breit und tief sein, daß der Ballen leicht hineinpaßt und drumherum noch Platz von etwa einem halben Ballendurchmesser bleibt. Bei verdichteten oder tonhaltigen Böden muß er noch größer sein. Nur so breiten sich die Wurzeln gut aus und wachsen gleichmäßig an. In einem zu engen Pflanzloch entfalten sie sich nicht genügend und leiden unter zu geringer Standfestigkeit. Vorher die Erde gut vorbereiten (→ Seite 40).

## Pflanze einsetzen
(Zeichnung 2 und 3)

Nun wird die Pflanze in das Pflanzloch gestellt. Bei Ballenware das Ballentuch aufknoten, aber am Ballen belassen, da es von selbst verrottet. Containerpflanzen einfach aus dem Behälter nehmen und in das Loch stellen. Vorher aus dem Ballen gewachsene, geknickte oder verletzte Wurzeln mit der Baumschere kräftig einkürzen. Richtige Pflanztiefe kontrollieren und die vorbereitete und bei Bedarf verbesserte Aushuberde auffüllen (→ Seite 40). Während des Auffüllens darauf achten, daß die Pflanze schön gerade steht. Zwischendurch daran rütteln, damit keine Hohlräume entstehen. Abschließend vorsichtig antreten, damit sich die Erde gut um die Wurzeln verteilt. Rundherum einen kleinen Erdwall aufhäufeln und in diesen Gießrand mit einem Schlauch langsam Wasser einfließen lassen. Die Erde muß gut durchfeuchtet werden, so daß sie sich setzen kann und letzte Luftlöcher geschlossen werden.
**Wichtig:** Geben Sie niemals Mineraldünger in das Pflanzloch!

## Reihenpflanzung
(Zeichnung 4)

Etwas anders geht man bei der Reihenpflanzung vor. Sie empfiehlt

1 Das Pflanzloch muß dem Ballen genügend Platz bieten.

2 Rund um die Pflanze, die gerade stehen muß, wird gute Erde aufgefüllt.

3 Danach wird ein Gießrand aufgehäufelt und mit Wasser angegossen.

4 *Bei einer Reihenpflanzung für eine Hecke hebt man einen Graben aus, setzt die Pflanzen im richtigen Abstand ein und füllt dann mit Erde auf.*

sich bei der Anlage einer dichten Heckenreihe. Zunächst einen Graben in der beabsichtigten Länge der Hecke ausheben (Tiefe und Breite → Einzelpflanzung) und die Pflanzen im vorgesehenen Abstand daneben auslegen. Als Faustregel gilt:
• Bei freiwachsenden Hecken 1,50 m,
• bei Schnitthecken 0,50 m, je nach Wuchsform und -stärke der Pflanzen auch weiter oder enger.
Nun an einem Ende der Reihe beginnen und Gehölze nacheinander wie bei der Einzelpflanzung einsetzen. Rund um den Pflanzgraben einen Gießwall anlegen und die Heckenreihe gut wässern. Eine ausreichende Bodenfeuchtigkeit ist zum Anwachsen notwendig.

## Baumpfahl
(Zeichnung 5)

Das Einsetzen eines Baumpfahls empfiehlt sich vor allem in Gebieten mit stärkeren Winden und bei wertvollen Einzelsträuchern. Den Pfahl, der bis zum Kronenansatz reichen sollte, gerade und möglichst tief in den Boden treiben, damit er gut und fest steht. In sehr windexponierten Lagen schräg gegen die Hauptwindrichtung in den Boden schlagen. Als Bindematerial hat sich Kokosstrick sehr bewährt. Der Strick wird meist in Form einer liegenden Acht gebunden, so daß Pfahl und Stamm sich nicht aneinanderreiben können. Er darf weder die Rinde verletzen noch den Stamm ein-

schnüren, aber auch nicht zu locker sitzen. Nach 2 bis 3 Jahren Pfahl entfernen, da sich sonst das Wurzelsystem nicht gleichmäßig entwickelt.
**Wichtig:** Pfahl zusammen mit dem Gehölz einsetzen und nicht danach, sonst werden beim Einschlagen womöglich die empfindlichen Wurzeln verletzt.

## Pflanzung ballenloser Gehölze

Gehölze ohne Ballen sind langwieriger vorzubereiten als Gehölze mit Ballen. Hier geben wir Ihnen einige Tips:
• Gehölze nach dem Kauf sofort auspacken und Wurzeln etwa 12 Stunden lang wässern oder in nassen Lehmbrei einschlagen, um sie vorm Austrocknen zu schützen. Bei längerer Lagerung in Erde einschlagen.
• Angefrorene Pflanzen in einem ungeheizten Raum langsam auftauen lassen.
• Verletzte Wurzeln bis in den unbeschädigten Bereich schneiden, zu lange und bereits stark verholzte Wurzeln einkürzen, um die Bildung von neuen Seitenwurzeln anzuregen.

5 *In Lagen, die dem Wind sehr stark ausgesetzt sind, Bäume mit einem Pfahl stützen, der schräg zur Hauptwindrichtung tief in den Boden getrieben wird.*

## Pflanzzeiten

Während Sie Containerpflanzen fast das ganze Jahr über pflanzen können, müssen bei Ballen- und ballenloser Ware bestimmte Pflanztermine eingehalten werden.

• Herbstpflanzung.
In der Zeit von Oktober bis März, in der sogenannten Vegetationsruhe, werden die Pflanzen am wenigsten geschädigt.
Nicht pflanzen sollten Sie, wenn der Boden gefroren ist, oder nach langen Regenfällen.

• Frühjahrspflanzung.
Im Frühjahr bilden sich neue Wurzeln schneller als bei der Herbstpflanzung. Außerdem besteht höchst selten die Gefahr, daß der Wurzelballen durch Auffrieren und anschließendes Tauen aus dem Boden gehoben wird. Der Fachmann nennt das Frosthebung.

**Hinweis:** Arten aus milden Klimazonen wie der Perückenstrauch (*Cotinus coggygria*) oder der Judasbaum (*Cercidiphyllum*-Arten) pflanzt man entweder im Frühjahr oder im Frühherbst, dann können sie noch genügend Wurzeln bilden. Auch immergrüne Gehölze werden am besten im September oder im März/April gepflanzt. Der Boden ist um diese Zeit noch beziehungsweise schon wieder warm, was sich fördernd auf die Wurzelbildung auswirkt.

## Tips zum Pflanzen

Gut unterpflanzbar sind:
Japanischer Fächerahorn
(*Acer palmatum*)
Haselnuß (*Corylus avellana*)
Weißdorn
(*Crataegus*-Arten)
Roseneibisch
(*Hibiscus syriacus*)
Heckenjasmin
(*Philadelphus* 'Erectus')
Duftschneeball
(*Viburnum farreri*)
Schlecht unterpflanzbar sind:
Strauchkastanie
(*Aesculus parviflora*)
Zierquitten
(*Choenomeles*-Hybriden)
Perückenstrauch
(*Cotinus coggygria*)
Falscher Jasmin
(*Philadelphus coronarius*)
Glockenstrauch
(*Weigela*-Arten)

## Wurzelwachstum

Ein Faktor, den Sie vor allem bei freiwachsenden, gemischten Hecken und Gehölzgruppen nicht außer Acht lassen sollten, ist das Wurzelwachstum, das von Art zu Art sehr verschieden ist. Je nachdem breitet sich das Wurzelwerk entweder in die Breite oder in die Tiefe oder in beide Richtungen aus.

Tiefwurzler, auch Pfahl- oder Herzwurzler genannt, verankern sich mit ihren Hauptwurzeln, die sie pfahlartig in die Erde schicken, tief im Boden.
Flach- oder Tellerwurzler dagegen breiten ihr Wurzelsystem knapp unter der Erdoberfläche aus und durchwurzeln dabei große Flächen.
Jedes Gehölz wiederum hat zwei verschiedene Wurzeltypen.

• Die Befestigungswurzeln liegen zentral unter der Triebbasis oder dem Stamm. Weil ihr Holz außerordentlich zäh und zugfest ist, dienen sie in erster Linie der Verankerung.

• Die Faser- oder Saugwurzeln liegen weiter außen und sind sehr fein verzweigt und verästelt. An ihren Spitzen sitzen zahllose Wurzelhärchen, die sich in die Zwischenräume der Bodenteilchen zwängen. Sie dienen der Nährstoff- und Wasseraufnahme und werden ständig neu gebildet (→ PRAXIS Botanik, Seite 8).

## Wurzeln beachten

Von Kronenform und -umfang können Sie in etwa auf die unterirdischen Ausmaße der Wurzeln schließen, doch bezieht sich das nur auf Gehölze in freier Natur. In einer Hecke im Garten ist die Situation völlig anders, denn hier werden Bäume und Sträucher immer wieder geschnitten und stehen meist

*Neben der üppig wuchernden Skimmie wirkt die Fuchsie geradezu filigran.*

auch viel enger. Das Wurzelwachstum ist zwar genetisch vorgegeben, ändert sich jedoch je nach Standort und vor allem je nach Boden. Zum Beispiel können Tiefwurzler in einem sehr verdichteten und schweren Boden flacher wurzeln als sonst. Das Auflockern des Bodens ist dann auf jeden Fall notwendig. Es gibt Gehölze mit einem weit ausgebreiteten Wurzelfilz, die sich schlecht unterpflanzen lassen (sogenannte Wurzelschleppen), und Arten, bei denen dies problemlos möglich ist. Bei der Zusammenstellung von Gehölzgruppen oder von hohen Wildhecken sollten Sie deshalb den Wurzeln besonderes Augenmerk schenken, denn hier werden nicht nur Sträucher, sondern auch Bäume gepflanzt, deren Wurzelwerk oft ausladender ist.

**Hinweis:** Gerade bei kleinen Gärten empfiehlt es sich, Arten zu wählen, die gut unterpflanzt werden können, damit nicht unnötig Platz verloren geht. Achten Sie beim Einkauf unbedingt darauf, daß Sie auch die Art mit dem richtigen Wurzelsystem bekommen, denn dies kann selbst innerhalb einer Gattung recht unterschiedlich sein.

# Gehölze pflegen

*Immergrüne Hecken sollten vor Einsetzen des Frostes nochmals durchdringend gewässert werden.*

## Gießen

Die Pflanzung stellt im Leben eines Gehölzes einen tiefen Eingriff dar. Damit der Pflanzschock möglichst gut und rasch überwunden werden kann, sollte man die richtigen »Erstversorgungsmaßnahmen« treffen. Später beschränkt sich die Heckenpflege hauptsächlich aufs Schneiden.

• Eingewachsene Gehölze sind wegen ihres relativ tief reichenden Wurzelsystems auch in Trockenzeiten in der Lage, sich ausreichend mit Wasser und Nährstoffen versorgen. Sie müssen deshalb nur in extrem heißen und trockenen Zeiten gegossen werden.
• Frisch gepflanzte Gehölze hingegen müssen einige Wochen gut gewässert werden, da die Wurzeln noch unvollständig ausgebildet sind.

**Unser Tip:** Frühblühende Sträucher und Bäume in trockenen Frühjahren gelegentlich wässern; das erhöht die Blühwilligkeit.

Immergrüne Gehölze
Besondere Zuwendung verlangen immergrüne Nadel- und Laubgehölze, die ja auch im Winter ihre Blätter behalten.

Sie leiden häufig unter der Wintersonne, da diese ihnen über die Blätter ständig Wasser entzieht. Die Wurzeln können es aus dem gefrorenen Boden jedoch nicht oder kaum nachliefern. In der Folge welken die Blätter, und die Gehölze vertrocknen förmlich. Man spricht deshalb auch von Frosttrocknis.

Immergrüne müssen daher vor dem Einsetzen des Frostes immer wieder durchdringend und kräftig gewässert werden. Ist der Boden in milden Wintern nicht völlig gefroren, kann man auch in sonnigen Perioden gießen.

**Wichtig:** Wenn frisch gepflanzte immergrüne Gehölze sich innerhalb kurzer Zeit braun verfärben, ist meist Wassermangel die Ursache. Durchdringendes Wässern in kürzeren Abständen und Schutz vor austrocknenden Winden, etwa durch Umhüllen der Stämme mit Sackleinen oder Aufstellen eines Windschutzes, beugen vor und schaffen Abhilfe.

## Wie gießen?

• Grundsätzlich den Boden im gesamten Wurzelbereich bewässern und nicht die Pflanze selbst gießen.
• Am besten morgens oder abends wässern. Tagsüber bei starker Sonneneinstrahlung erleidet die Pflanze einen Ab-

kühlungsschock, außerdem verdunstet nicht soviel Wasser ungenutzt.
• Lieber selten und durchdringend gießen als häufig und spärlich.

## Mulchen

Unter Mulchen versteht man ganz allgemein das Ausbringen organischen Materials direkt auf den Boden. Es wirkt fast wie ein Wundermittel, denn dadurch
• wird das Bodenklima ausgeglichener, starke Schwankungen der Bodentemperatur werden gemildert;
• sinken Verdunstung und Wasserverbrauch;
• trocknet der Boden nicht so schnell aus beziehungsweise verschlämmt nicht nach starken und andauernden Regenfällen;
• wird die Humusschicht stärker und die Bodenstruktur verbessert;
• entfällt Unkrautjäten weitgehend.

Mulchmaterial: Gut geeignet sind halbfertiger Kompost, Laubstreu, angewelkter Rasenschnitt oder, besonders für größere Pflanzungen, Rindenmulch. Die Mulchschicht wird bei Sträuchern etwa 5 cm, bei Bäumen 10 cm hoch aufgebracht und sollte immer wieder erneuert und aufgefüllt werden.

## Düngen

Im Gegensatz zu den meisten anderen Pflanzengruppen ist die Düngung bei Gehölzen im Garten nicht so wichtig. Normale Gartenböden enthalten in der Regel genügend Nährstoffe, die Sträuchern und Bäumen über ihr weitreichendes Wurzelsystem zur Verfügung stehen. Ist der Boden vor der Pflanzung gut vorbereitet und verbessert und wurden für den Standort die richtigen Pflanzen ausgewählt, erübrigt sich Düngung im allgemeinen. Lediglich bei sehr eng stehenden Hecken, die wenig Wurzelraum zur Verfügung haben und denen durch häufigen Schnitt laufend Nährstoffe entzogen werden, kann eine gelegentliche Düngergabe vorteilhaft sein.

Am besten ist, in den Boden regelmäßig reifen Kompost einzuarbeiten und ihn mit Mulch abzudecken; das düngt und verbessert ganz allgemein. Nur bei außergewöhnlichem und akutem Nährstoffmangel sollte man auf mineralische Dünger zurückgreifen.

**Unser Tip:** Es gibt Arten, die auch auf extrem nährstoffarmen Böden noch zurechtkommen, wie Erlen (*Alnus*-Arten), Erbsenstrauch (*Caragana*-Arten), Blasenstrauch (*Colutea*-Arten), Sanddorn (*Hippophaë rhamnoides*) oder Wacholder (*Juniperus*-Arten).

# Praxis: Schnitt

Ein gelegentlicher Schnitt ist bei vielen Heckensträuchern notwendig. Durch ihn wird die Blühfreudigkeit erhalten, der Austrieb frischer, dichter Triebe angeregt und ein Vergreisen der Pflanzen verhindert.

## Der sachgerechte Schnitt

Nicht alle Hecken und deren Gehölzarten werden gleichartig geschnitten. Während Wildstrauchhecken nur mäßig ausgelichtet oder nur alle paar Jahre auf den Stock gesetzt werden (Zurückschnei-

den bis kurz über den Erdboden), sind bei Formhecken jährlich ein bis zwei Rückschnitte notwendig.

## Schnittregeln

Grundsätzlich wird durch den Schnitt mehr Licht in das Innere des Gehölzes gebracht, da es den Austrieb neuer, blühfähiger Triebe bewirkt. Und so geht man vor:
• Altes, abgestorbenes Holz zuerst entfernen.
• Sich überkreuzende Triebe oder Gabelungen und nach innen wachsende Zweige beseitigen.

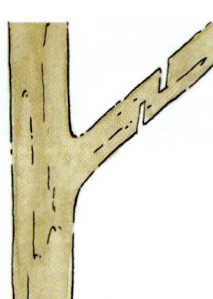

*1  Dicke Äste zuerst von unten, danach versetzt von oben einsägen.*

*2  Anschließend den Stumpf vor dem Astkragen absägen.*

• Stets oberhalb einer nach außen zeigenden Knospe schneiden. Das bewirkt ihren Austrieb und fördert den lockeren Aufbau bei Blütensträuchern.
• Formhecken hingegen werden ohne Rücksicht auf die Knospen gestutzt.
Werkzeug: Bei dünneren Ästen und Zweigen ist eine Baumschere angebracht, bei dickeren eine Säge. Auf scharfes Werkzeug achten, damit die Triebe nicht gequetscht werden.
**Wichtig:** Kranke oder verletzte Gehölzteile immer möglichst rasch entfernen, um weiteres Ausbreiten der Erreger oder das Eindringen von Pilzen und Bakterien zu verhindern. Dabei bis ins gesunde Holz zurückschneiden. Auch Wildtriebe, die unterhalb der Veredelungsstelle treiben, möglichst bis zum Ansatz entfernen.

## Wundpflege

Durch Wundpflege soll ein Eindringen von Krankheitserregern verhindert werden. Sie ist ab einem Astdurchmes-

*3  Formhecken sollten trapezförmig geschnitten werden.*

ser von etwa 2 cm erforderlich. Kleinere, nur oberflächliche Wunden schließen sich rasch genug von selbst. Bei Nadelgehölzen übernimmt die Wundpflege das reichlich vorhandene Harz.
Und so geht man bei größeren Laubholzwunden vor:
• Beschädigte und lose Rindenteile entfernen.
• Wundränder mit dem zuvor desinfizierten Baummesser am Rand glätten.
• Wunde ellipsenförmig ausschneiden, dabei möglichst klein halten.
• Danach bis über die Ränder mit einem dauerelastischen Wundverschlußmittel verstreichen.

*4 Um eine exakte Schnittführung zu erreichen, kann man sich aus Latten und Schnüren eine Schablone basteln.*

## Dicke Äste schneiden
(Zeichnung 1 und 2)

Dickere Äste werden schrittweise abgesägt. Würde man sie mit einem einzigen Schnitt direkt am Stamm absägen, reißen sie durch ihr schweres Gewicht vorher ab und verursachen große Wunden. Diese bilden für den Baum eine Gefahr, da die ausgerissenen Ränder kaum zu glätten sind und cs zu einer Infektion kommen kann.
• Etwa 30 cm vom Ansatz entfernt zuerst von unten bis zur halben Aststärke einsägen.
• Etwas nach außen versetzt von oben bis zur Mitte einsägen und den Ast abbrechen.
• Abschließend den Stumpf vor dem Astkragen absägen.

## Formschnitt
(Zeichnung 3)

Den strengsten Schnitt erfordern die Formhecken. Wenn Sie folgende Regeln beachten, haben Sie Erfolg:
• Nur langsam auf die gewünschte Höhe ziehen. Als Faustregel gilt: Was die Hecke oben zulegt, fehlt ihr später in der Mitte und an der Basis.
• Nicht zu weit zurückschneiden, sonst entstehen Lücken.
• Am besten an den Vorjahrestrieben orientieren und knapp über den alten Verzweigungen schneiden.
• Heckengehölze, die einen durchgehenden Stamm aufweisen, oben erst dann schneiden, wenn der Stamm die endgültige Heckenhöhe erreicht hat.

• Die Hecke sollte unten breiter sein als oben, also eine Trapezform aufweisen. Sie verhindert, daß die unteren Heckenteile verkahlen, da sie zu wenig Licht erhalten.

## Schnittschablone
(Zeichnung 4)

Um über die gesamte Heckenlänge einen gleichmäßigen Schnitt zu erhalten, empfiehlt sich der Aufbau einer

Schnittschablone. Man errichtet dazu ein Lattengestell in der gewünschten Breite der Hecke. Dann spannt man Schnüre oder Drähte in der angestrebten Höhe. Sie dienen bei der Durchführung der Schnittarbeit als Orientierung.

## Auslichtungsschnitt
(Zeichnung 5)

Damit Blütensträucher auch auf Dauer üppig blühen, muß altes, nicht mehr blühfähiges Holz entfernt werden, um Platz und Licht für junge, blühfreudige Triebe zu schaffen. Der Zeitpunkt richtet sich im wesentlichen nach der Blütezeit (→ Seite 52). Ältere, in der Mitte stehende Triebe werden dabei ganz entfernt oder bis auf eine gute,

*5 Altes, nicht mehr blühfähiges Holz muß von Zeit zu Zeit herausgeschnitten werden, um Platz und Licht für junge Triebe zu schaffen.*

junge Verzweigung zurückgeschnitten. Sich stark kreuzende Triebe werden ebenfalls eingekürzt.
**Hinweis:** Bei freiwachsenden Hecken die Gesamtform des Strauches berücksichtigen und möglichst wenig verändern.

## Der richtige Zeitpunkt für den Schnitt

Damit Ihre Hecke gesund und schön bleibt, sind nicht nur die Schnittregeln zu beachten. Auch der richtige Zeitpunkt spielt eine wichtige Rolle. Denn so unterschiedlich die Gehölze, so verschieden sind auch ihre Schnittzeiten.

Bäume
Die meisten Bäume brauchen nicht geschnitten zu werden. Falls es dennoch nötig ist, sollten Sie sehr behutsam vorgehen und die natürliche Form möglichst erhalten. Über das Wann streiten sich die Geister. Hat man bisher immer die Zeit der Vegetationsruhe, also vom Spätherbst bis zum Spätwinter, als den günstigsten Zeitpunkt angesehen, tendiert man heute eher zum zeitigen Frühjahr. So haben Untersuchungen gezeigt, daß zu Beginn der Vegetationszeit, wenn der Saft zu strömen beginnt und die Knospen schwellen, aber noch nicht austreiben, ein Schnitt im allgemeinen gut vertragen wird. Die Wunden heilen nämlich schneller, allerdings muß man sie gut mit Baumwachs verschließen, damit stark blutende Bäume nicht zu sehr geschwächt werden.

**Hinweis:** Zu Beginn der Vegetationszeit ist es auch einfacher, altes, abgestorbenes Holz von lebendem zu unterscheiden.

Sträucher
Freiwachsende Sträucher werden je nach Blütezeitpunkt geschnitten. Da Frühlingsblüher ihre Blüten meist am alten Holz ausbilden, werden sie erst nach der Blüte behutsam ausgelichtet; sonst würde man sich ja um das Blütenschauspiel bringen. Sommerblühende hingegen blühen in der Regel am diesjährigen Holz und können also vor der Blüte gestutzt werden.

**Unser Tip:** Es gibt Sträucher, wie beispielsweise Fingerkraut (*Potentilla fruticosa*) oder Johanniskraut (*Hypericum*-Arten), die jedes Jahr radikal zurückgeschnitten werden sollten, damit sie willig blühen und nicht kahl werden und auseinanderfallen. Sie werden im zeitigen Frühjahr etwa 1 bis 2 Handbreit über dem Boden abgeschnitten. Man nennt dies »auf den Stock setzen«.

## Schnitt von Formhecken

Sommergrüne Laubgehölze werden etwa Ende Juni zum ersten Mal geschnitten. Dann ist der erste Austrieb abgeschlossen. Während man bei starkwüchsigen Arten wie der Hainbuche (*Carpinus betulus*) im Sommer nochmals zur Schere greifen kann, ist bei Arten wie Liguster (*Ligustrum*-Arten) der Sommeraustrieb so schwach, daß man kein zweites Mal schneiden muß.

**Wichtig:** Um einen späten Neuaustrieb zu vermeiden, sollten Sie nach August nicht mehr schneiden. Das Holz würde bis zum Winter nicht mehr ausreifen, so daß die Frostanfälligkeit zunimmt. Immergrüne Hecken schneidet man erst im Spätsommer, denn hier erfolgt der Austrieb gleichmäßig übers Jahr.

## Verjüngungsschnitt

Der Verjüngungsschnitt stellt einen radikalen Eingriff in das Leben eines Strauches dar. Doch er kann nötig werden, wenn die Hecke zu mächtig geworden beziehungsweise verkahlt oder vergreist ist, weil sie nicht sachgerecht gepflegt wurde. Man kann sagen, daß der Strauch sozusagen zum »Neubeginn« gezwungen wird. Hierbei sägt man alle alten und schwachen Stämme etwa 20 cm über dem Boden völlig ab und läßt nur junges Holz stehen. Der richtige Zeitpunkt ist im Spätherbst, wenn die Pflanze ihre Ruhezeit hat. Ein Schnitt im Frühjahr würde das Gehölz, das durch den Radikalschnitt ohnehin schon zu leiden hat, zu sehr schwächen. Im darauffolgenden Spätherbst schneidet man die Triebe heraus, die nur schwach gewachsen sind.

# *Schneiden*

*Bäume wie diese Zierkirsche werden im allgemeinen nicht geschnitten.*

**Hinweis:** Nadelgehölze lassen sich auf diese Weise nicht verjüngen. Nur die Eiben vertragen einen derartig radikalen Rückschnitt einigermaßen. Allerdings muß man nach dem Eingriff Geduld haben. Es dauert einige Jahre, bis sich die Hecke wieder erholt hat. Deshalb lieber öfters mal einen alten Ast entfernen, das ist schonender.

## Wohin mit dem Schnittgut?

Wer nicht über einen Kamin verfügt, in dem er das Holz einfach verheizen kann, ist mit einem Gehölzhäcksler sicher gut beraten. Es gibt sie in allen möglichen Variationen zu kaufen. Man kann sie sich aber auch leihen oder vielleicht mit dem Nachbarn teilen. So ein Häcksler zerkleinert das

Schnittgut in handliche Stücke, die man dann gut als Mulchmaterial verwenden kann.
**Wichtig:** Schnittgut von kranken Gehölzen gehört selbstverständlich nicht aufs Beet oder auf die Baumscheibe und erst recht nicht auf den Kompost. Man würde damit nur die Erreger überwintern und gleichzeitig auf den ganzen Garten verteilen.

# Praxis: Vermehrung

Wie alle anderen Pflanzen können Sie auch Heckengehölze entweder aus Samen (generativ) oder aus Triebteilen (vegetativ) vermehren. Das ist vor allem dann empfehlenswert, wenn es sich um Raritäten oder exotische Pflanzen handelt.

## Samenvermehrung

Die generative oder Samenvermehrung bei Gehölzen ist eine sehr langwierige Angelegenheit und für den Hausgebrauch recht unüblich. Denn oft ist es so, daß die Tochterpflanzen gerade bei den Sorten erheblich im Aussehen abweichen. Falls Sie es dennoch

versuchen wollen, hier ein paar Tips:
• Die reifen Früchte sammeln und die Samen vom Fruchtfleisch befreien und reinigen.
• Die Samen im eigenen Freilandbeet aussäen und gut feucht halten. Die Saattiefe entspricht etwa der Samenkorngröße.
• Zu dicht stehende Keimlinge ausdünnen.
• Die erstarkten Sämlinge an den endgültigen Ort verpflanzen.
**Hinweis:** Sorten mit gefüllten Blüten tragen keine oder nur funktionslose Staub- und Fruchtblätter und bilden deshalb auch keine Früchte und Samen. Diese Sorten müssen also vegetativ vermehrt werden.

*1 Zur Vermehrung mit Absenkern den Trieb schräg anschneiden, zur Erde biegen und mit Drahtbügeln festhalten. Die Triebspitze an einem Stab aufleiten.*

*2 Den Schnitt mit einem Steinchen oder Hölzchen offenhalten.*

## Vermehrung durch Triebteile

Diese Art der Vermehrung nennt man vegetativ. Ein Teil der Mutterpflanze wird zur Bildung von Wurzeln und Trieben angeregt. Auf diese Weise entsteht eine selbständige Tochterpflanze.

## Absenker
(Zeichnung 1 und 2)

Eine der einfachsten Methoden ist die Bewurzelung herabhängender oder langer, bodennaher Triebe. Im Frühjahr oder Sommer einen Trieb auf den Boden absenken – daher der Name Absenker – und etwa 30 cm

unterhalb der Triebspitze mit dem Messer schräg nach oben einschneiden. Die Schnittstelle mit einem dazwischengeklemmten Hölzchen oder Steinchen offenhalten. Den Trieb, ohne ihn zu knicken, mit Drahthaken am Boden verankern, so daß die Schnittstelle unter die Erde kommt und der beblätterte Teil hinausschaut. Den jungen Trieb vorsichtig an einem Holz- oder Metallstab aufleiten, damit er gerade wächst. Mit einer Schnur festbinden, ohne das zarte Gewebe zu verletzen. **Unser Tip:** Wenn Sie die Erde an der Absenkstelle etwas lockern, wird das Anwachsen erleichtert. Sie können auch ein kleines Loch ausheben und humusreiche Erde einfüllen. Die Absenkstelle gut feucht halten. Hat das angeschnittene Holz im Boden nach einiger Zeit Wurzeln geschlagen – zur Kontrolle nachsehen –, kann der Trieb von der Mutterpflanze abgetrennt und an anderer Stelle eingepflanzt werden.

## Kopfstecklinge
(Zeichnung 3)

Zur Vermehrung von Nadelgehölzen und auch einigen Laubgehölzen verwendet man die halbweichen Spitzen von Seitentrieben, sogenannte Kopfstecklinge. Sie dürfen nur von gesunden Mutterpflanzen stammen, da sonst Krankheiten weitergereicht werden können.
Und so gehen Sie vor:
• Triebspitze mit scharfem Messer direkt unter einem Auge schräg abschneiden.
• Untere Nadeln oder Blätter entfernen.
• Trieb in einen Topf mit Aussaaterde oder in mit Sand vermischte Blumenerde stecken und angießen. Mit Bodenwärme bewurzeln sie am besten.
• Im folgenden Frühjahr ausplanzen.
**Hinweis:** Wenn Sie eine Nadelholzhecke in der Höhe stutzen, können Sie bei dieser Gelegenheit gleich zwei Fliegen mit einer Klappe schlagen und aus den kräftigen Spitzen der Haupttriebe neue Kopfstecklinge gewinnen.

3 Für Kopfstecklinge schneidet man halbweiche Triebspitzen direkt unter einem Auge schräg ab.

4 Mit Triebstecklingen, die man aus den mittleren Teilen halbverholzter Triebe gewinnt, lassen sich Gehölze erfolgreich vermehren.

## Triebstecklinge
(Zeichnung 4)

Die meisten Laubgehölze können durch Triebstecklinge vermehrt werden. Dazu die mittleren Teile halbverholzter, also noch nicht zu harter Triebe nach dem Laubfall im Herbst in 15 bis 20 cm Länge schneiden. Sie sollten 3 bis 4 Augen besitzen und werden unterhalb des letzten Auges schräg abgeschnitten. Triebstecklinge, auch Steckhölzer genannt, nach Arten und Sorten bündeln, in feuchten Sand oder feucht zu haltende Tücher einschlagen und frostfrei aufbewahren. Den Winter über auf Schimmel hin kontrollieren. Der Einschlag dient nicht nur der Überwinterung, er regt auch die Wurzelbildung an, so daß die Stecklinge im folgenden Frühjahr bereits am endgültigen Ort eingepflanzt werden können.

## Wurzelschnittlinge

Einige Arten wie Zierquitte (*Choenomeles*) oder Brombeere (*Rubus*) lassen sich auch durch Wurzelteile vermehren. Dazu im Spätherbst aus den Wurzeln etwa 5 bis 10 cm lange und 1 cm dicke Wurzelstücke schneiden. Wurzelschnittlinge schräg in Kisten mit sandiger, humusreicher Erde stecken und zwar so, daß die vorher den Pflanzen zugewandte Seite auch jetzt nach oben zeigt. Die Schnittlinge sollen etwa 1 cm hoch mit Erde bedeckt sein. Haben sich Wurzeln gebildet und zeigt sich der erste Austrieb, können die Jungpflanzen ausgepflanzt werden.
**Unser Tip:** In sehr kalten Wintern sollte man die Jungpflanzen fremdländischer Arten mit Reisig abdecken.

## Pflanzenschutz

Die beste Voraussetzung, Ihre Hecke auf Dauer gesund zu erhalten, sind standortgerechte, gesunde Pflanzen und eine artgemäße Pflege. Dennoch sind auch gesunde Gehölze nicht vor Krankheiten und Schädlingen gefeit. Um rechtzeitig eingreifen zu können, sollten Sie sie deshalb regelmäßig beobachten. Ein Befall läßt sich nur dann erfolgreich bekämpfen, wenn die Ursache genau erkannt wurde. Sind Sie sich dessen nicht sicher, können Sie eine Probe der befallenen Teile an ein örtliches Pflanzenschutzamt schicken (→ Adressen, Seite 62).

Vorher sollten Sie jedoch überprüfen, ob es sich nicht um Schäden anderer Natur handelt. Dies können Pflegefehler sein, aber auch Schwankungen in den Umweltbedingungen, etwa extreme Witterungsverhältnisse.

## Abhilfe

Nicht jeder Befall muß sofort mit Spritzmitteln bekämpft werden, vor allem nicht, wenn ungünstige Witterungsbedingungen die Ursache waren. In vielen Fällen erholen sich die Gehölze von selbst wieder. Oft helfen auch schon einfache Maßnahmen wie das Absammeln von Schädlingen oder das

## Die fünf häufigsten Krankheiten

### Feuerbrand
Schadbild: Schwarz verfärbte Blüten, welkende, hakenförmig gekrümmte Triebspitzen, Rinde sondert Schleim ab. An Rosengewächsen. Ursache: Bakterien. Abhilfe: Scharf zurückschneiden oder roden. Meldepflicht!

### Triebsterben
Schadbild: Junge Koniferentriebe welken im Frühjahr an der Spitze; grauer Pilzrasen oder schwarze Fruchtkörper. Ursache: Pilz, oft bei feuchtem Wetter. Abhilfe: Frühzeitiger, scharfer Rückschnitt ins gesunde Holz.

### Laub- und Triebwelke
Schadbild: Plötzliches Welken der Blätter, Absterben ganzer Triebe; meist im Frühsommer. Ursache: Pilz, oft bei heißem, trockenem Wetter. Abhilfe: Rückschnitt ins gesunde Holz, bei starkem Befall Rodung.

### Immissionsschäden
Schadbild: Meist gelblich-weiße, sich braun färbende Flecken auf den Blättern. Vorzeitiger Blatt- und Nadelfall. Ursache: Luftschadstoffe. Abhilfe: Bestmögliche Pflege, sonst roden und robustere Art pflanzen.

### Rostpilz
Schadbild: Kleine, rostrote oder gelbliche, später schwarze Pusteln auf den Blattunterseiten, Oberseiten rostrot gefleckt. Ursache: Pilz, ungünstiger Standort. Abhilfe: Düngen und Wässern, Rückschnitt. Fallaub vernichten.

Anbringen von Leimringen am Stamm, die beispielsweise den Befall mit Frostspannerraupen erfolgreich verhindern. Krankheiten können, sofern sie rechtzeitig erkannt werden, auch häufig durch einen gezielten Rückschnitt bis ins unbefallene Holz eingedämmt werden.

**Wichtig:** Damit sich Krankheiten jedoch nicht weiter ausbreiten, dürfen abgeschnittene, befallene Triebteile und Blätter nicht auf den Kompost geworfen, sondern müssen vernichtet oder entsorgt werden.

Wird ein Gehölz trotz guter Pflege immer wieder von Krankheiten oder Schädlingen befallen, sollte man es entfernen und zu einer anderen Gehölzart wechseln.

## Spritzmittel

Erst wenn keine anderen Maßnehmen helfen, sollten Sie zu Spritzmitteln greifen. Dabei ist folgendes zu beachten:
• Lassen Sie sich von einem Fachmann beraten.
• Schutzkleidung tragen.
• Beim Spritzen nicht essen, trinken oder rauchen.
• Spritzgeräte gut reinigen.
• Reste nicht weiterverwenden, sondern als Sondermüll entsorgen.
• Mittel nicht zusammen mit Lebensmitteln aufbewahren. Für Kinder müssen sie unerreichbar sein.

## Die fünf häufigsten Schädlinge

**Sitkalaus** (Fichtenröhrenlaus)
Schadbild: Kleine grüne Läuse auf den Unterseiten alter Nadeln an inneren Zweigen von Fichten. Ursache: Schlechte Ernährung, zu trockener Stand. Abhilfe: Wässern, Düngen, bei starkem Befall roden.

**Nadelholz-Spinnmilbe**
Schadbild: Winzige Milben in feinem Gespinst um Nadeln und Triebe, gelbe oder silbrige Punkte auf den Nadeloberseiten, vertrocknende Nadeln. Ursache: Zu trockener Stand. Abhilfe: Wässern und Boden mulchen.

**Ilexminierfliege**
Schadbild: Gelbe, unregelmäßig blasig aufgetriebene Gänge in den Stechpalmen-Blättern, die vertrocknen und vorzeitig abfallen. Ursache: Fraß durch die Larven kleiner Fliegen. Abhilfe: Befallene Blätter entfernen.

**Frostspannerraupe**
Schadbild: Fraßspuren an Knospen und Blättern, im schlimmsten Fall Kahlfraß. Ursache: Massenvermehrung von grünen oder braunen Raupen. Abhilfe: Raupen absammeln, Leimringe anlegen.

**Wolläuse** (Schmierläuse)
Schadbild: Meist weißliche, mit wollartigen Fäden überzogene, saugende Insekten an Blättern, Nadeln und Rinde, Mißbildungen. Ursache: Oft Mangelernährung, zu trockener Stand. Abhilfe: Mit Paraffinöl spritzen.

## Sach- und Pflanzenregister

Die **halbfett** gesetzten Seitenzahlen verweisen auf Farbfotos und Zeichnungen. U = Umschlagseite.

***A****bies* 17
– *koreana* 29
Absenker 54
*Acer* 31, 33
– *campestre* 15, 24
– *capillipes* 31
– *griseum* 31
– *negundo* 30
– *negundo* 'Variegatum' 30
– *negundo* 'Odessanum' 30
– *palmatum* 17, 28, 30, 46
– *platanoides* 28
*Aesculus parviflora* 34, 46
Ahorn 31, 33
*Allium ursinum* 12
*Alnus* 49
Alpenrose 29, 30, 41
*Amelanchier* 28, 34, 46
– *laevis* 31
– *lamarckii* 18, 33
*Anemone nemorosa* 12
Auslichten 26
Auslichtungsschnitt 51

***B****allen* 42, 44
-lose Gehölze 42, 45
Bambus **27**
Bärlauch 12
Bartblume 34
Bast 9
Bastardzypresse 24, 30
Baum
-messer 50
-pfahl 45
-schere 44, 50
-schule 42, 44

-schutzverordnung 12, 20
-würger 37
-zypresse 19
Befestigungswurzeln 46
*Berberis* 29, 30, 33, 41
– *candidula* 24
– *julianae* 18, 24
– *thunbergii* 24
– *thunbergii* 'Atropurpurea' 24
Berberitze 18, 24, **28**, 29, 30, 33, 41, **U4**
Berberitzenhecke **29**
*Betula* 31
Bienennährgehölze 33
Bienenweide 18, 19
Birke 31
Blasenstrauch 34, 49
Blätter 9, 17, 29
Blattgrün 9
Blattläuse 33
Blauraute 34
Blauregen 37
Blühende Heckengehölze 34
Blumenhartriegel 41
Blutbuche 28, 30
Blüten
-farbe 18, 19
-gehölz 17, 28
-hecke 6, 11, 26, 35
Blütezeit 18, 19, 34
Blutjohannisbeere 29
Blutpflaume 30
Blutroter Hartriegel 18
Boden 15, 18, 19, 47, 49
-arten 15
-beschaffenheit 15, 40
-organismen 41
-probe 40
-schichten 41
-schichtung 40
-struktur 41
-verbesserung 40, 41
Borke 9
Botanische Gesellschaften 33
Brombeere 33, 55
Buche 31

Buchenhecke **39**
Buchs 24, 30
*Buddleja* 15, 33
– *davidii* 17
Bund Deutscher Baumschulen (BdB) 42
Buschwindröschen 12
*Buxus sempervirens* 24, 30
– var. *sempervirens* 18

***C****ampsis* 37
*Caragana* 49
– *arborescens* 17
*Carpinus betulus* 18, 24, 52
*Caryopteris* 34
*Celastrus orbiculatus* 37
*Cercidiphyllum* 46
*Chamaecyparis* 18, 24, 30
Charles de Mills Rose **U2**
Chlorophyll 9
*Choenomeles* 18, 24, 33, 34, 46, 55
*Clematis* 3, 37
*Cobaea scandens* 37
*Colutea* 49
– *arborescens* 34
Containerpflanzen 42, 44, 46
*Cornus*
– *alba* 18, 30, 46
– *alba* 'Sibirica' 31
– *florida* 41
– *mas* 19, 28, 33, 34
– *sanguinea* 18, 29
– *sericea* 'Flaviramea' 31
*Corylus avellana* 17, 18, 28, 33, 46
*Cotinus coggygria* 19, 34, 46
– 'Royal Purple' 30
*Cotoneaster* 19, 30
– *bullatus* 24
– *dielsianus* 24
– *multiflorus* 24

*Crataegus* 19, 33, 46
– *laevigata* 24
– *monogyna* 24
– x *prunifolia* 18
*Cucurbita pepo* 37
x *Cupressocyparis leylandii* 19, 24, 30
– 'Green Spire' 30
– 'Leighton Green' 30
x *Cupressocyparis notabilis* 30

***D****eutzia* 19, 33, 34
Deutzie 19, 33, 34
Douglasie 29
Duftschneeball 34, 46
Duftwicke 37
Düngen 49

***E****feu* 10, 37
Eibe **5**, 17, 19, 24, 33, 53
Eibenhecke 64
Einreihige Pflanzung 26
Erbsenstrauch 17, 49
Erle 49
Eschenahorn 30
Essigbaum 31, 32
*Euonymus*
– *europaea* 19, 33
– *fortunei* 30, 37
*Exochorda racemosa* 26

***F****ächerahorn* 17, 28, 30
*Fagus sylvatica* 15, 17, 18, 24, 28, 31
– 'Atropunicea' 30
– 'Roseomarginata' 30
– 'Swat Magret' 28
*Fallopia aubertii* 37
Falscher Jasmin 46
Faserwurzeln 9
Feldahorn 15, 24
Felsenbirne 28, 31, 33, 34, 46
Felsenmispel 5, 24, 30
Feuerbohne 37
Feuerbrand 56
Feuerdorn 17, 19, 24, 29, 30, 34, **U4**

# Register

Fichte 24, 30, 33
Fichtenröhrenlaus 57
Fingerkraut 33, 52
Fiederspiere 19, 28, 34
Flachgründiger Boden
41
Flachwurzler 46
Flieder 17, 18, 19, 33, 34
Formhecken 51, 52
Formschnitt 51
*Forsythia* 24, 33, 34
– *x intermedia* 18
Forsythie 18
Freiwachsende Hecke
11, 15, 17, 24, 26, 32,
42, 45, 46
Frostspannerraupe 57
Früchte 18, 19, 20, 26,
31, **32**, 33, 35, 37, 54
Frühjahrspflanzung 46
Frühlingsblüher 34, 52
Fuchsie **47**

*G*alium odoratum 12
Garteneibisch 34
Gehölzgruppen 12, 13,
15, 17, 27, 30, 42, 46,
47
Geißblatt 34, 37
Gelber Hartriegel 31
Gemeiner Schneeball **32**
Generative Vermehrung
54
Gießen 48, 49
Glockenrebe 37
Glockenstrauch 46
Goldakazie 28
Goldglöckchen 24, 33, 34
Goldregen 34
Grenzabstand 20, 26
Gründüngung 41

*H*aftwurzeln 37
Hainbuche **5, 14,** 18, 24,
52
*Hamamelis* 34
– *mollis* 31
– *virginiana* 34
Hartriegel 30, 34

Haselnuß 17, 18, 28, 33,
34, 46
Hecken
-art 18, 19
-jasmin 46
-kirsche 18, 24, 33
-myrte 30
-pflege 10
-rosen **2**
*Hedera helix* 37
Heister 42
Hemlocktanne 15, 19,
24, 41
Herbst
-blüher 34
-färbung 18, 19, 31, 35
-pflanzung 46
Herzwurzler 46
*Hibiscus syriacus* 34, 46
*Hippophaë rhamnoides*
33, 49
Hochstamm 42
Hoher Buchsbaum 18
Hoher Glockenstrauch
19
Holunder 33
Holz 8, 50, 51, 52
Hopfen 37
Hortensie 31, 34
*Humulus*
– *japonicus* 37
– *lupulus* 37
Humus 41
*Hydrangea* 34
– *anomalu ssp. pctiolaris*
37
*Hypericum* 34, 52

*I*lex 30
– *aquifolium* 18, 24
– *crenata* 24
-minierfliege 57
Immergrüne
– Arten 25
– Gehölze 6, 46
– Hecken 11, 26, **48,** 52
– Laubgehölze 24, 29,
30, 48
– Nadelgehölze 48

Immergrüner Schneeball
30
Immissionsschäden 56
*J*apanhopfen 37
Japanischer Fächerahorn
46
Japanische Zierkirsche
28
Jasmin 34
*Jasminum nudiflorum*
34, 37
Johanniskraut 34, 52
Judasbaum 46
*Juniperus* 17, 49
– *chinensis* 30
– *communis* 30
– *scopulorum* 30

*K*alk
-empfindlich 18, 19
-gehalt 15
-haltiger Boden 41
-liebend 18, 19
-verträglich 18, 19
*Kalmia* 41
Kambium 9
Kernholz 9
*Kerria japonica* 28, 34
Kiefer 17
Kirschlorbeer 23, 30
Kletterhilfe 37
Kletterhortensie 37
Kletterpflanzen 11, **36,**
37
–, einjährige 37
–, mehrjährige 37
Kletterrose 37, **U4**
Klima 7, 15, 42
Kohlendioxid 9
*Kolkwitzia amabilis* 19,
34
Kolkwitzie 34
Kompost 41, 49, 53, 57
Kopfsteckling 55
Korbweide 32
Koreatanne 29
Kork 9

Kornelkirsche 19, 28, 33
Krankheiten 56, 57
Kupferfelsenbirne 18
Kupferkirsche 31

*L*aburnum 34
Lärche 12, 19, 24, 29, 31
*Larix* 12, 19, 24, 31
– *decidua* 24, 29
– *kaempferi* 24, 29
Lärmschutz 11, 17, 25
Lärmschutz-Gehölze
16, 18
*Lathyrus odoratus* 37
Laub 30
Laub- und Triebwelke
56
Laubbäume 8
Laubgehölze 17, 29,
55
*Lavandula* 34
Lavendel 34
Lebensbaum 12, 17, 19,
24
Lehmboden 41
Lehmiger Boden 15
Licht 15
Lignin 8
Liguster 17, 19, 24, 30,
33, 52
*Ligustrum* 19, 24, 52
– *vulgare* 17, 30, 33
*Lonicera* 37
– *caerulea* 34
– *ledebourii* 18
– *maackii* 33
– *nitida* 30
Lorbeerrosen 41

*M*ahonia aquifolium 30
Mahonie 30
*Malus* 28, 33
– *floribunda* 28
Marienkäfer 33
Mauer 6, 24, 37
Moorbeet 40, 41
Mulch 41
Mulchen 49

**N**adelbäume 8
Nadelgehölze 17, 24, 29,
  30, 50, 53, 55
Nadelholz-Spinnmilbe
  57
Nadeln 17
Nährstoffaufnahme 46
Nährstoffe 9, 15, 41, 48,
  49
Nährstoff
-gehalt 40
-versorgung 15
Naturwissenschaftliche
  Vereine 33
Nützlinge 33

**O**berboden 41
Obsthecke 37
Ökologisches Gleichge-
  wicht 33
*Oxalis acetosella 12*

**P**achysandra terminalis
  12
*Parthenocissus* 37
Perlmuttstrauch 19
*Perovskia* 34
Perückenstrauch 19, 30,
  34, 46
Pfaffenhütchen 19, 33
Pfahlwurzler 46
Pfeifenstrauch 18, 28
Pflanzenschutz 56
Pflanzloch 44
Pflanztiefe 44
Pflanzung 20, 42, 44, 45,
  48, 49
Pflanzzeiten 46
Pflaumenblättriger Weiß-
  dorn 18
pH-Wert 15, 40, 41
*Pharbitis* 37
*Phaseolus coccineus* 37
*Philadelphus*
– *coronarius* 46
– *cymosus* 'Banniere' 29
– 'Erectus' 46
– *pubescens* 18
Photosynthese 7, 9

*Picea* 33
– *abies* 17, 19, 24
– *abies* 'Cupressina' 30
– *abies* 'Columnaris' 30
– *abies* 'Pyramidata' 30
– *omorika* 24, 30
*Pieris* 29, 30
– *floribunda* 29
– *japonica* 29
*Pinus* 17
– *cembra* 29
*Potentilla* 33
– *fruticosa* 52
Prachtspieren 26
*Prunus* 19, 34
– *avium* 33
– *cerasifera* 'Nigra' 30
– *laurocerasus* 24, 30
– *serrula* 31
– *serrulata* 28
– *spinosa* 33
– *subhirtella* 'Autumna-
  lis' 34
*Pseudotsuga menziesii*
  29
*Pyracantha* 17, 19, 24,
  29, 30, 34

**R**anunkelstrauch 28, 34
Rauchhart 18
Rauchhärte 16
Raumteiler 13, 24
Reihenpflanzung 44, 45
Rhododendron 18, 29, 30
  **39, 40,** 41
*Rhus*
– *glabra* 31
– *typhina* 31
*Ribes* 34
– *sanguineum* 'King
  Edward' 29
Rinde 9, 45
*Robinia pseudoacacia*
  'Frisia' 28
*Rosa* 19, 33, 34, 37
Roseneibisch 46
Rostpilz 56
Rotbuche 15, 17, 18, 24,
  28

Roter Hartriegel 29
Rotfichte 17, 19
*Rubus* 33, 55
Rückschnitt 57
Runzelblättriger Schnee-
  ball 18

**S**äge 50
*Salix* 33
– *caprea* 41
– *viminalis* 32
Salweide 41
*Sambucus* 33
– *nigra* 17, 33
Samenvermehrung 54
Sandboden 41
Sanddorn 33, 49
Sandiger Boden 15
Sauerklee 12
Sauerstoff 9
Saugwurzeln 46
Säuleneibe 30
Säuregrad 15
Saurer Boden 40
Schädlinge 33, 56, 57
Schadstoffe 40
Schattenglöckchen 29,
  30
Schattenverträgliche
  Arten 12
Scheinzypresse 18, 24,
  30
Schlangenhaut-Ahorn 31
Schlehe 33
Schlingknöterich 37
Schmetterlingsstrauch
  15, 17, 33
Schmierläuse 57
Schneeball 19, 33, 34
Schneekirsche 34
Schneiden 48
Schnitt 50, 51, 52
-hecke 11, 13, 17, 24, **25,**
  26, 42, 45
-schablone 51
-verträgliche Arten 24
Schnurbaum 17
Schwachwüchsige Arten
  24

Schwarzäugige Susanne
  37
Schwarzer Holunder 17,
  33
Seagull Rose **U2**
Sekundäres Dicken-
  wachstum 8
Serbische Fichte 30
Sibirischer Hartriegel 31,
  46
Sichtschutz 11, 17, 24,
  25, 29, 37
Sichtschutz-Gehölze 18,
  19
Sitkalaus 57
Skimmie **47**
Sommerblüher 34, 52
Sommergrüne
– Arten 25, 31
– Hecken 11, 26, 30
– Laubgehölze 24, 52
*Sophora japonica* 17
*Sorbaria*
– *aitchisonii* 19, 34
– *sorbifolia* 28
*Sorbus aucuparia* 33
Spierstrauch 19, 33, 34
Spindelstrauch 30, 37
*Spiraea* 19, 33, 34
Spitzahorn 28
Splintholz 9
Spreizklimmer 37
Spritzmittel 56, 57
Stadtklima 16, 18
Stammbusch 42
Standfestigkeit 44
Standort 18, 19, 32, 44,
  47, 49
-bedingungen 15, 17
Starkwüchsige Arten 24
Stechpalme 3, 18, 24, 30
Stickstoff 41
Sträucher 8
Strauchkastanie 34, 46
Strauchrose 19, 34
– 'Schneewittchen' **39**
Streusalz 17, 40
*Syringa* 19, 33, 34
– *vulgaris* 17, 18

# Paradiesisch leben.
# Mit GU.

Ob kleines Usambaraveilchen, riesige Palme oder edler Rosenstrauch – so richtig grünt und blüht es im Zimmer, auf dem Balkon und im Garten nur dann, wenn Sie auch die Ansprüche Ihrer Pflanzen kennen.

Das nötige Wissen über Kauf, Pflanzung und Pflege vermitteln die

- GU Ratgeber Zimmerpflanzen
- GU Ratgeber Balkon und Terrasse
- GU Ratgeber Garten.

14,80 DM/116,-öS/14,80 sFr.

Änderungen und Irrtum vorbehalten.

14,80 DM/116,-öS/14,80 sFr.

14,80 DM/116,-öS/14,80 sFr.

14,80 DM/116,-öS/14,80 sFr.

14,80 DM/116,-öS/14,80 sFr.

# Mehr draus machen.
# Mit GU.

**T**amariske **21**
Tanne 17
*Taxus 17*
– *baccata* 19, 24, 33
– *baccata* 'Columnaris'
   30
– *baccata* 'Flushing' 30
– *cuspidata* 24
Tellerwurzler 46
Temperatur 15
*Thuja* 12, 17, 19, 24
*Thunbergia alata* 37
Tiefgründiger Boden 41
Tiefwurzler 46, 47
Toniger Boden 15, 41
Trichterwinde 37
Triebsteckling 55
Triebsterben 56
Trockenresistent 18
Trompetenblume **36**, 37
*Tsuga canadensis 15*, 19,
   24, 41

**U**nterboden 41
Unterpflanzung 12

**V**egetationsruhe 46, 52
Vegetationszeit 52
Vegetative Vermehrung
   54
Verdichteter Boden 41
Verjüngungsschnitt 52
Vermehrung 54, 55
*Viburnum* 19, 34
– *farreri* 34, 46
– *lantana* 18, 33
– *opulus* 33
– *rhytidophyllum* 18, 30
Virginianische Zauber-
   nuß 34
*Vitis* 37
Vogel
-beere 33
-kirsche 33
-nährgehölze 33
-schutzgehölze 18, 19, 33

**W**acholder 17, 30, 49
Waldmeister 12

Waldrebe 27, 37
Wasser 9, 15, 41, 48, 49
-aufnahme 46
Weide 33
*Weigela* 26, 33, 46
– *florida* 19
Weigelie 26, 33
Weinrebe 37
Weißdorn 19, 24, 33, 46
Weißer Hartriegel 18
Wildapfel 33
Wilder Wein 10, 37
Wildhecke 6, 11, 13, 26,
   32, 33, 47
Wildrose 33, 34
Windschutz 12, 49
Wintergrüne Laubge-
   hölze 24, 30
Winterjasmin 37
*Wisteria* 37
Wolläuse 57
Wolliger Schneeball 18
Wollziest **28**
Wundpflege 50
Wurzelkletterer 37
Wurzeln 9, 15, 20, 42,
   44, 45, 46, 47, 48, 49,
   54, 55
Wurzel
-schleppen 47
-schnittling 55
-system 48, 49
-wachstum 46, 47

**Y**sander 12

**Z**aubernuß 31, 34
Zierapfel 28
Zierjohannisbeere 34
Zierkirsche 19, 34, 53
Zierkürbis 30
Zierquitte 18, 24, 33, 34,
   46, 55
Zimtahorn 31
Zirbelkiefer 29
Zweireihige Pflanzung
   26
Zwergmispel 19

## Literatur, die weiterhilft

(falls nicht im Buchhandel, dann in Bibliotheken erhältlich)

BdB-Handbücher: *Bd.1, Laubgehölze; Bd.2, Nadelgehölze; Bd.5, Gehölzsortimente und ihre Verwendung; Bd.8, Wildgehölze des mitteleuropäischen Raumes.* Fördergemeinschaft »Grün ist Leben«, Pinneberg
Jacobi, Karlheinz: *Ziergehölze.* BLV, München
Kolb, W./Schwarz, T.: *Hecken für jeden Garten.* BLV, München
Kremer, Bruno P.: *Sträucher in Natur und Garten.* Gräfe und Unzer, München
Krüssmann, G.: *Handbuch der Nadelgehölze.* Verlag Paul Parey, Berlin und Hamburg
Pardatscher, G.: *Hecken im Garten.* Verlag Eugen Ulmer, Stuttgart
Weber, A./Greiner, K.: *Begrünen mit Kletter- und Hängepflanzen.* Gräfe und Unzer, München

## Fachgesellschaften

Hinweise zu einheimischen und in der Region angepaßten Gehölzen bekommt man häufig bei Fachgesellschaften. Deutsche Dendrologische Gesellschaft. Geschäftsstelle: Wolfgang Schönherr, Hawstr. 28, 54290 Trier Deutsche Rhododendrongesellschaft, Marcusallee 60, 28359 Bremen Verein Deutscher Rosenfreunde e.V. (VDR), Waldseestr. 14, 76530 Baden-Baden Außerdem können Sie sich richten an: Naturwissenschaftliche Vereine, Bund Naturschutz, Botanische Gesellschaften und Botanische Gärten.

## Bezugsquellen

Gehölze werden in Baumschulen und Gärtnerei-Fachbetrieben angeboten. Adressen in Ihrer Nähe finden Sie auf den Gelben Seiten Ihres Telefonbuchs.

## Impressum

### Die Fotos auf dem Umschlag

Umschlagvorderseite: Lauschiger, von einer geschnittenen Buchenhecke eingerahmter Sitzplatz; kleines Foto: Hohe Stauden wie Lilien eignen sich gut als Umfriedung. Umschlagseite 2: Die weiße Heckenrose 'Seagull' und die rote Strauchrose 'Charles de Mills' bieten ein blühendes Heckenbild. Umschlagrückseite, Foto oben links: Der Feuerdorn rankt sich an altem Mauerwerk hoch. Foto oben rechts: Gelbblühende Berberitze. Foto unten: Weiße Kletterrose.

### Die Fotografen

Becker: Seite U1 (großes Foto), U1 (kleines Foto), U2/1, 2, 7, 14, 16, 21, 27 u., 28 re., 36 o., 39 re., 53, U4u.;
Nickig: Seite 3 li., re., 4/5, 5 re., 10 o., u., 13, 22/23, 23 re., 25, 27 o., 28 li., 29, 31, 35, 38/39, 43, 48, 64/U3, U4 o.li.;
Scherz: Seite 36 u., U4 o.re.;
Schneiders, U.: Seite 32, 40, 47.

### Dank

Die Autorinnen danken Herrn Dr. Thomas Hagen für wertvolle Hinweise und die Hilfe bei den Recherchen.

### Warnung und Hinweis

In diesem Buch geht es um das Pflanzen und die Pflege von Gehölzen. Einige der beschriebenen Gehölze beziehungsweise Teile davon sind mehr oder weniger giftig. Tödlich giftige Gehölze, aber auch minder giftige, die bei geschwächten Erwachsenen oder Kindern erhebliche gesundheitliche Störungen hervorrufen können, sind in den Tabellen auf Seite 18 und 19 mit einem Totenkopf-Symbol gekennzeichnet. Achten Sie unbedingt darauf, daß Kinder und Haustiere von den als gefährlich gekennzeichneten Gehölzen keine Früchte, Blätter und sonstige Teile essen. Beim Schneiden von Gehölzen können Sie sich sowohl durch das Werkzeug als auch durch Zweige und Äste verletzen. Auch beim Umgang mit Erde kann es zu offenen Verletzungen kommen. Suchen Sie in beiden Fällen umgehend einen Arzt auf und besprechen Sie mit ihm, ob eine Impfung gegen Tetanus (Wundstarrkrampf) erforderlich ist.
Halten Sie sich beim Einsatz von Pflanzenschutzmitteln an die Gebrauchsanweisungen auf der Verpackung. Bewahren Sie Pflanzenschutz- und Düngemittel (auch organische) so auf, daß sie für Kinder und Haustiere unerreichbar sind. Der Genuß dieser Mittel kann zu gesundheitlichen Schäden führen. Außerdem dürfen die Mittel nicht in die Augen gelangen.

© 1995 Gräfe und Unzer Verlag GmbH, München
Alle Rechte vorbehalten. Nachdruck, auch auszugsweise, sowie Verbreitung durch Film, Funk und Fernsehen, durch fotomechanische Wiedergabe, Tonträger und Datenverarbeitungssysteme jeder Art nur mit schriftlicher Genehmigung des Verlages.

Redaktion:
Katrin Behrend,
Peter Völk
Layout und Umschlaggestaltung:
Heinz Kraxenberger
Herstellung und Satz:
Michael Bauer
Repro: Penta
Druck und Bindung:
Kaufmann

ISBN 3-7742-2128-6

Auflage  5. 4. 3. 2. 1.
Jahr      99 98 97 96 95

# Eine Oase der Ruhe und des Wohlgeruchs

Hecken sind vielfältig einsetzbar: als Umfriedung des Grundstücks, als Schutz gegen neugierige Blicke, als »grüne Wände« um lauschige Plätze herum oder vor Gartenteilen. Wie man die Hecke anlegt, freiwachsend oder streng formiert, bleibt dem persönlichen Geschmack überlassen. Die Eibenhecke hier grenzt den kleinen Kräutergarten vom übrigen Garten ab und schafft zugleich ein günstiges Kleinklima für wärmebedürftige Pflanzen. In ihrer Strenge bildet sie einen neutralen, ausgleichenden, geradezu beruhigenden Hintergrund für die zarten Blätter und feinen Blüten der Kräuter. So können sie ihre bescheidene Schönheit entfalten, und man fühlt sich wohl in dieser Oase der Ruhe und des Wohlgeruchs.

*Geradezu spielerisch muten die Buchsbaumkugeln vor der streng geschnittenen Eibenhecke an.*